现代有轨电车系列丛书

现代有轨电车运行安全控制系统

中车唐山机车车辆有限公司 组编

曹 源 张天白 杨雪峰 刘威伟 金春日
刘 霞 马连川 谢恩强 李 鹏 编著

机械工业出版社

本书从现代有轨电车的信号系统、信号优先控制及通信和相关弱电系统三个方面，就信号系统中的调度指挥中心子系统、正线岔道控制子系统、平交道口优先控制子系统、车载控制子系统、车辆段控制子系统和维护检测子系统的结构、组成和功能，以及通信系统中的通信传输系统、无线通信系统、语音服务与控制系统、乘客安全信息系统和弱电系统等方面进行了较为详细的介绍，以帮助读者了解和掌握现代有轨电车运行安全控制系统的基础知识，确保有轨电车的安全运行，提高运输效率。

本书可供学习和开发现代有轨电车运行安全控制系统的人员参考使用。

图书在版编目（CIP）数据

现代有轨电车运行安全控制系统/中车唐山机车车辆有限公司组编；曹源等编著. —北京：机械工业出版社，2017.10

（现代有轨电车系列丛书）

ISBN 978-7-111-58083-6

Ⅰ. ①现… Ⅱ. ①中… ②曹… Ⅲ. ①有轨电车－交通运输安全－研究 Ⅳ. ①U482.1

中国版本图书馆 CIP 数据核字（2017）第 234774 号

机械工业出版社（北京市百万庄大街 22 号 邮政编码 100037）
策划编辑：何月秋 责任编辑：何月秋
责任校对：佟瑞鑫 封面设计：马精明
责任印制：张 博
三河市国英印务有限公司印刷
2018 年 1 月第 1 版第 1 次印刷
184mm×260mm · 9.5 印张 · 220 千字
标准书号：ISBN 978-7-111-58083-6
定价：59.00 元

凡购本书，如有缺页、倒页、脱页，由本社发行部调换

电话服务	网络服务
服务咨询热线：010-88361066	机 工 官 网：www.cmpbook.com
读者购书热线：010-68326294	机 工 官 博：weibo.com/cmp1952
010-88379203	金 书 网：www.golden-book.com
封面无防伪标均为盗版	教育服务网：www.cmpedu.com

序

当前，我国城镇化进程正在不断推进，随着城市数量和规模的不断扩大，交通拥堵、环境污染及能源短缺等问题也日益突出，大力发展城市轨道交通已成为大多数城市的共识。现代有轨电车作为一种现代化交通方式，已在欧洲成功实现复兴，并逐渐成为当前国内关注的热点，许多城市都开始积极规划和建设有轨电车，天津泰达、上海浦东、沈阳浑南新区和苏州高新区等已相继开通了现代有轨电车系统。

《国务院关于城市优先发展公共交通的指导意见》中明确的总体发展目标是：科学研究确定城市公共交通模式，根据城市实际发展需要合理规划建设以公共汽（电）车为主体的地面公共交通系统，包括快速公共汽车、现代有轨电车等大容量地面公共交通系统，有条件的特大城市、大城市有序推进轨道交通系统建设。有别于传统有轨电车，现代有轨电车在控制、牵引供电和车辆技术上进行了更新，其载客量适中、安全舒适、快速便捷、节能降噪特点更加凸显，是城市轨道交通中低运量的典型制式，适合于大城市城市轨道交通网络的补充，中小城市和新规划城市的城市公共交通的骨干交通。因此，现代有轨电车将在我国迎来更大的发展。

现代有轨电车已被证明是一种成熟、安全的技术，但与所有交通制式一样，现代有轨电车自有其适用范围，过度夸大它的作用和放大它的缺点都不是科学的做法，唯有扎实做好基础工作才能保障现代有轨电车的持续健康发展。但我国现代有轨电车的相关工作还比较薄弱，存在着缺少建设实施标准、缺乏规划建设统筹和功能定位界定不清等问题，迫切需要更多的研究来推动相应产业和技术的发展。

本系列丛书是对2016年出版的《城市现代有轨电车工程基础》的进一步完善，更加深入地介绍了现代有轨电车工程的理论体系，包括前期规划设计、商务合作模式、建设施工、通信信号工程、机电工程、车辆制造和运营管理等内容。书中内容更加翔实，对人们全面系统地了解现代有轨电车系统及其配套工程具有较高的参考价值。

中国城市轨道交通协会副会长兼秘书长

中国城市轨道交通协会现代有轨电车分会会长

前 言

我国地铁与轻轨的迅速发展，使得与之相应的信号和通信技术也趋于先进、实用，这些先进的技术、理念和各种经验的积累有益于有轨电车交通的发展，正因为如此，有轨电车的运行控制系统也往往带有地铁和轻轨技术的印记。具有混合路权、低运营成本等一系列优点的现代有轨电车的信号、通信系统也有其独有的特点。

现代有轨电车的信号系统由正线/车辆段道岔控制信号联锁、平交道口控制子系统、行车指挥子系统及车载控制子系统等组成。现代有轨电车的通信系统由通信传输系统、语音服务与控制系统、无线通信系统、乘客安全信息系统、管理系统和支持系统等共同组成，构成传送语音、数据、图像和多媒体等各种信息的综合业务通信网。

现代有轨电车的信号系统有两个目标：一是确保有轨电车运行安全，二是提高运输效率。其主要功能需求如下：

1）更好地发挥和提升现代有轨电车项目在公共交通体系中的重要作用，提高有轨电车综合效能。

2）提高有轨电车运行速度，提出合理、实用、便于实施的有轨电车信号优先设计方案。

3）有效地指导驾驶员驾驶，减少有轨电车的延误。

4）在关键路段保证有轨电车具有较高的安全水平。

现代有轨电车通信系统的目标：一是满足多平台的信息传输，二是具备较高的服务质量（QoS）。其主要功能需求如下：

1）紧密联系有轨电车系统内部的各个子系统，提高整个系统的运行效率。

2）为运行控制、运营管理、指挥和监控等提供信息传输的平台。

3）在突发情况下，有效实现应急处理、抢险救灾和反恐的需求。

4）尽可能地为乘客提供有效的信息服务。

现代有轨电车的信号与通信系统的功能需求也决定了系统的组成和结构，因此本书就信号系统、有轨电车信号优先控制、通信和相关弱电系统等3个方面进行了较为详细的介绍。

本书共分为3篇14章，各章内容及具体编写分工为：第1篇　现代有轨电车信号系统。其中，第1章：信号系统功能，由曹源编写；第2章：信号系统架构和子系统简介，由张天白编写；第3章：信号系统相关设备及其功能，由张天白编写；第4章：有轨电车信号核心子系统详解，由张天白编写。

第2篇　现代有轨电车信号优先控制。其中，第5章：信号优先的研究背景，由曹源编写；第6章：交通信号控制的发展现状，由杨雪峰编写；第7章：有轨电车和城市道路平交道口分析，由杨雪峰编写；第8章：有轨电车信号优先设计，由刘威伟编写；第9章：实际案例，由刘威伟编写。

第 3 篇　现代有轨电车通信和相关弱电系统。其中，第 10 章：通信系统结构，由金春日编写；第 11 章：通信关键技术，由刘霞编写；第 12 章：通信传输网，由谢恩强编写；第 13 章：通信子系统，由张天白编写；第 14 章：相关弱电系统，由李鹏、马连川编写。

在编写本书时，参考了国内外发表的部分文章、资料和书籍，编者在此对有关作者表示诚挚的谢意。同时，对所有给予本书的指导、支持和帮助的同志们表示感谢！由于编者水平所限，遗漏、不足之处在所难免，欢迎广大读者批评指正，谨表谢意。

编者

目 录

第3篇　现代有轨电车通信和相关弱电系统

第1篇

现代有轨电车信号系统

第 1 章 信号系统功能

与地铁、轻轨相比，有轨电车具有运量小、重量轻、制动距离短等特点，它在不封闭的路面上行车，与市政道路在同一平面上且路口较多。有轨电车的信号系统包括正线信号系统、行车指挥系统、车载信号系统以及车辆段信号控制系统四个部分。结合系统功能的区别，这里给出方案 A 和方案 B 两种方案。其中方案 A 采用基本结构，方案 B 采用高级结构，下面分别予以介绍。

1.1 基本结构和功能

方案 A 的系统结构如图 1-1 所示。

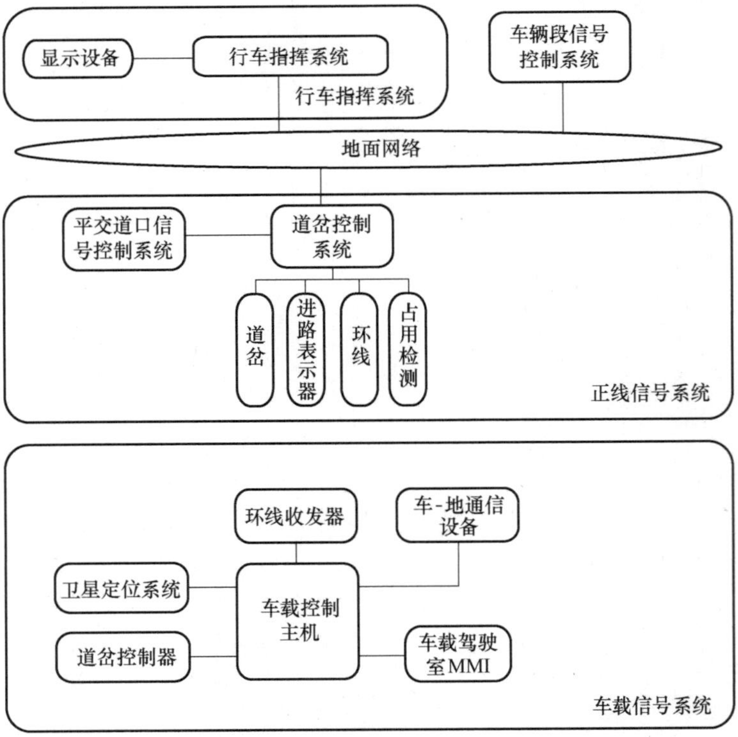

图 1-1 方案 A 的系统结构

方案 A 的系统结构具备以下功能：

（1）行车信息显示　安装在有轨电车上的车载控制主机通过车-地无线通信设备将有轨电车的位置、速度等信息传递至行车指挥系统；同时，道岔控制系统也将全线的道岔状态信息、进路表示器信息传递至行车指挥系统，这些信息将通过行车指挥系统中心的显示设备清晰地展现给调度人员，以便能够及时掌握全线的线路情况及有轨电车的运行信息。

（2）故障报警　在车-地通信正常的情况下，车载控制主机可以将自身的故障诊断信息及车辆系统的故障诊断信息（需车载控制主机与车辆系统进行接口）发送至行车指挥系统，并在发生故障时给出提示，以便调度人员能够及时发现车载设备或车辆系统的故障，并进行排除。

（3）有轨电车到站信息预告　在车-地通信正常的情况下，行车指挥系统可通过车载信号系统获取有轨电车当前的位置，并根据有轨电车的位置向车站乘客信息系统发出有轨电车到站信息预告。通过此项功能，可以使站台上候车的乘客及时获知有轨电车是否已接近站台等运营信息，方便乘客出行。

（4）运行数据记录　行车指挥系统可通过运行数据记录系统，将系统运行过程中由车载信号系统和道岔控制系统所发送的有轨电车运行信息及道岔位置、进路表示器信息进行全面的记录，并在需要时进行回放，以满足故障分析等需求。

（5）与其他系统接口　有轨电车信号系统可通过行车指挥系统与综合监控、乘客信息系统等其他系统进行接口，完成信息交互。

（6）道岔控制　道岔控制器用于控制线路上所布置的道岔。驾驶员可通过设置在车载面板上的道岔控制按钮，对前方道岔位置进行控制。当由于设备故障或其他原因导致不能进行遥控操作时，驾驶员须下车通过道岔控制器终端盒内的现场控制按钮对道岔位置进行选择。

（7）道岔区域联锁　道岔控制系统负责对道岔区域进行联锁运算。道岔控制系统通过空闲检测设备（如计轴器、轨道电路等）对道岔区域的占用/出清情况进行实时检测，如果道岔区域有车辆占用，则道岔控制器将不响应对当前道岔的转动命令，直至道岔区域出清。

在多组道岔组合布置的区域，道岔控制系统还将对道岔间的联锁关系进行运算，并在判断将出现敌对、抵触道岔的情况时，禁止当前道岔转动到可能导致车辆碰撞、侧冲的位置，保证车辆的安全运行。

（8）进路表示　道岔控制系统将根据道岔的位置及锁闭情况，控制进路表示器，显示不同的灯位，指导驾驶员行车。

进路表示器采用黄、绿、红三灯位信号机构，其显示及意义如下：

1）绿色灯光——表示道岔已锁闭，并开通直向，准许有轨电车按规定速度运行。

2）黄色灯光——表示道岔已锁闭，并开通侧向，准许有轨电车按规定的限制速度运行。

3）红色灯光——不准有轨电车越过信号机，有轨电车在信号机前停车。

（9）路口路权控制　在有轨电车与社会车辆交汇的平交道口处，设置平交道口信号控制系统。该系统将通过车-地通信环线获得有轨电车接近平交道口的信息，并与交通管理系统进行接口。

平交道口信号控制系统可实现多种不同的优先权方案：

1）有轨电车不优先。路口信号控制系统仅向交通管理系统发出有轨电车接近信号，不对交通管理系统进行任何控制，有轨电车驾驶员根据行进方向信号灯的情况驾驶列车驶过路口，或在路口停车等待路灯。

2）有轨电车优先。路口信号控制系统在收到有轨电车接近路口信息后，向交通管理系统发出将平交道口处有轨电车方向路权独占的命令，保证有轨电车第一时间通过路口。当获得有轨电车已完全通过路口的信息后，平交道口信号控制系统将路口信号机的控制权交回交通管理系统。

3）部分优先模式。根据线路实际情况及运营需求，对不同的路口分别进行配置，即部分路口为有轨电车优先，部分路口为有轨电车不优先。

（10）驾驶信息显示及报警　通过安装在驾驶室中的人机界面（MMI），信号系统可向驾驶员显示前方道岔状态、有轨电车当前车速及限制速度等信息。当出现超速、前方道岔状态不明等情况时，MMI 会发出声光报警，提示驾驶员对当前发生的不正常状况给予重视，并进行处理。

（11）有轨电车定位　车载控制主机可通过北斗卫星定位系统（或 GPS）对有轨电车进行定位，并将定位信息通过车-地通信设备传递到行车指挥系统中心，并在中心显示设备上进行显示。

（12）有轨电车速度测量　通过北斗卫星定位系统，信号系统可获取有轨电车的实际运行速度，并在 MMI 上进行显示，辅助驾驶员进行有轨电车的驾驶。同时，从北斗卫星定位系统获得的有轨电车速度值也将发送至行车指挥中心，方便调度人员了解车辆的实际运行情况。

根据北斗卫星定位系统提供的位置、速度信息，车载信号系统还可以对列车是否正在退行做出判断，并在 MMI 显示出退行信息，提醒驾驶员注意列车驾驶状态。

有轨电车速度测量及退行提醒功能均需要北斗卫星定位系统及其车载模块通信正常，如果由于天气等其他原因导致无法获取北斗信息，则无法给出速度信息及退行提示。

（13）车载运行数据记录　车载信号系统可通过自身的记录系统记录车辆运行过程中的相关信息，以备出现故障或进行设备维护时使用。记录的信息包括：有轨电车运行速度、前方道岔状态、维护诊断信息等。

（14）车辆段信号控制系统　车辆段信号控制系统主要包括车辆段控制子系统和计算机监测设备。车辆段信号控制系统能对车辆段内的调车作业进行集中控制，实现车辆段内进路上道岔、信号机和轨道区段间正确的联锁关系，保证车辆段调车作业及出入段作业的安全。

1）车辆段控制子系统。车辆段控制子系统的设备主要包括联锁计算机、操作表示机（即监控工作站）、电务维修终端、应急盘、防雷设备，以及联锁单元控制台、接口设备等。

车辆段控制子系统可在规定的联锁条件和规定的时序下对进路、信号和道岔实行控制，确保进路上轨道区段、道岔、信号机之间的安全联锁。对于涉及安全的操作采取安全保证措施，对于来自操作设备的错误操作具备有效的防护能力。

车辆段控制子系统的功能包括：

① 进路建立。

② 进路锁闭。

③ 进路解锁。

④ 信号机监控。

⑤ 道岔监控。

⑥ 信号设备检测报警。

⑦ 系统远程诊断。

2）计算机监测设备。计算机监测设备通过与站场信息维护机的通信，获取站场实时信息，并保存数据。对站场进行实时跟踪和运行回放，既可以动态跟踪当前的站场信息，也可以查看过去的作业情况，并支持手动输入具体时间查询，支持对回放过程进行人工控制（如暂停、后退等）。

计算机监测设备的功能包括：

① 对轨道区段进行全天候地电压检测并记录。

② 转辙机的检测，包括转辙机全程动作电流、动作时间和动作次数等。

③ 电缆全程对地绝缘电阻的检测。

④ 电源屏监控主机将电源屏的模拟信息和报警信息通过以太网接口传给监测站机。

⑤ 电源屏对地漏泄电流监测。

⑥ 通过数据接口对 LED 灯丝报警仪传送的监测信息进行显示。

1.2　高级结构和功能

方案 B 的系统结构如图 1-2 所示。

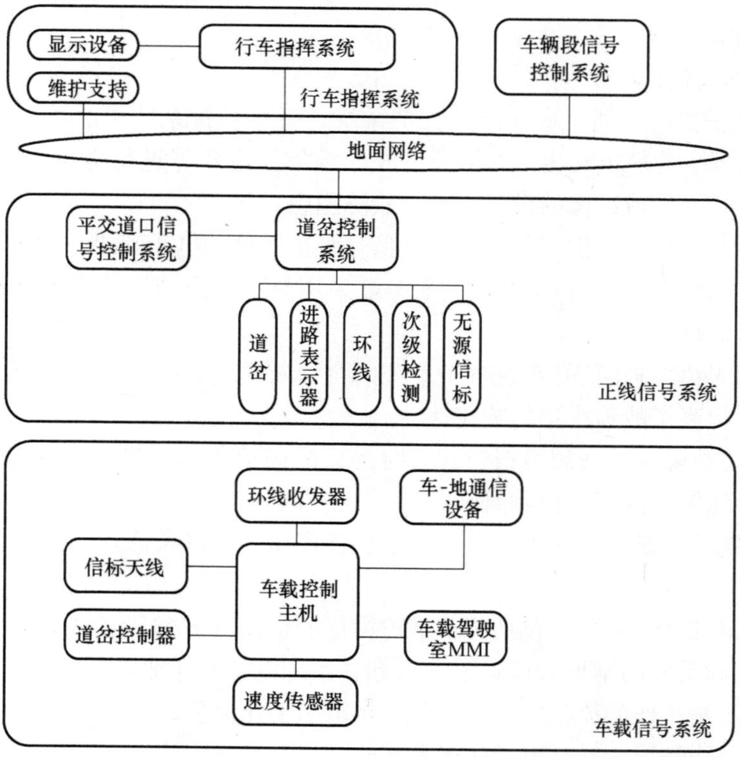

图 1-2　方案 B 的系统结构

方案B的系统结构除具备方案A的全部功能外，还具备以下功能：

（1）行车调度管理　在方案B中，行车指挥系统的功能得到全面加强，除可对有轨电车运行状态、道岔位置及进路表示器状态进行显示外，还可以实现运行计划管理、运行图制定、实际运行图绘制、派班管理和有轨电车正点晚点信息管理等诸多功能，加强了行车指挥系统对有轨电车运营的控制力度。

行车指挥系统以基本运行图/时刻表作为系统指挥有轨电车运行的原始数据。编图人员输入基本运行图/时刻表的基本数据，如车站数据、站间数据、车辆段数据、交路数据、运行间隔、时间段及可用车辆数等，系统在计算机辅助下自动完成有轨电车基本运行图/时刻表的编制。运行图将按不同种类存入数据库内，以备调度员随时调用。基本运行图/时刻表分为平日、节假日、不同季节及每天不同运营时段、临时事件等。

加强后的行车指挥系统所增加的主要功能如下（但不限于）：

1）行车信息显示。

2）有轨电车运行追踪。

3）运行图/时刻表的管理。

4）有轨电车运行查询。

5）站台信息显示与查询。

6）有轨电车运行统计。

7）出入库预告。

8）故障报警。

9）系统管理。

10）历史回放。

11）通信状态监测。

（2）系统维护支持　通过增加维护支持系统，行车指挥系统中心可以对全线的道岔控制器、进路表示器、有轨电车占用检测设备及车载信号设备等进行全面的维护、信息管理，及时发现需要进行维护或维修的设备，减少故障隐患。

维护支持系统为用户提供了一套完整的信号维护管理的电子解决方案，具备如下优点：

1）移动交换系统（MSS）维护监测服务器采用热备冗余结构，使得维修支持子系统具备高安全性和可靠性。

2）通过维护网络连接信号系统各子系统的自诊断模块，提供实时的故障报告，帮助快速地发现故障，提高了故障维护的响应速度。

3）迅速定位故障，并在故障报警的同时提供故障原因的参考和各种技术资料的链接，快速处理故障，缩短了故障的排除时间。

4）强大的统计分析结果，为用户改善维护管理作业，以及修正制订预防性维护计划提供参考。

5）提供丰富的维护指导，包括关于维护操作的信息（异常设备或子系统定位、异常处理的方式、时间和需要的维护人员总数等）和各系统设备的详细资料。

6）校正性维护工作的流程实现网络化，规范了工作流程，提高了工作效率。

7）无纸化工作环境，实现电子化的资产管理。

（3）有轨电车精确测速、测距　通过在线路上布置无源信标和在有轨电车上加装信标接收天线，信号系统可通过自身电子地图信息进行车辆的精确定位，使向行车指挥系统所发送的自身位置更加精确。

在方案 B 中，系统采用了速度传感器作为列车运行速度、方向的测量工具。与北斗卫星定位系统相比，速度传感器所获得的车辆位置更加直接、更加精确，能够对有轨电车的速度变化及运行方向变化做出快速准确的判断。

（4）分段限速提醒及退行提醒　有轨电车通过无源信标获得自身在线路中的精确位置后，信号系统即可支持对线路的不同区段设置不同限速值的功能。根据线路的坡度、曲率、站台区域及路口区域机的运营要求，可分别设置不同的限速。信号系统车载设备将根据自身所处的位置，及时更新当前限速值，并在 MMI 上进行显示，提示驾驶员以低于限速值的速度进行驾驶，保证有轨电车安全运行。

通过速度传感器，车载信号系统可准确、快速地判断有轨电车是否处于退行状态，当有轨电车发生退行时，可在 MMI 上给出退行提醒。车载信号系统也可以实现在当前车速超过限制速度或进行退行时实施制动的功能，具体的防护策略可根据需求进行定制。

（5）有轨电车运行信息播报　通过当前使用的计划运行图，行车指挥系统可告知有轨电车即将到达的站台是哪一个，车载信号系统可以与车载广播系统进行接口，并根据行车指挥系统所发送的下一站信息，自动向乘客进行此信息的广播。

（6）闯红灯防护　为保证前方道岔没有锁闭在正确位置时，有轨电车不会侵入道岔区段，信号系统可通过在进路表示器前方指定的位置增加环线的方式，向接近进路表示器所防护道岔的车辆发送信息。如果有轨电车到达防护用环线时，前方道岔区段仍未正常锁闭并开放，车载信号系统将通过与车辆系统的接口实施紧急制动，防止车辆进入道岔区段，保护车辆安全。防护用环线的位置将根据有轨电车的性能参数、所在线路坡度和曲率等信息进行综合计算。

为实现此项功能，车载信号系统需与列车制动系统进行接口。

（7）路口路权控制　在方案 B 中，由于行车指挥系统功能的加强，对于有轨电车运行的计划性和正点晚点的要求大幅提高，为保证有轨电车实际运行情况与计划运行图尽可能相符，方案 B 在平交道口处需采用有轨电车优先的路权控制方式。

第 2 章 信号系统架构和子系统简介

有轨电车的信号系统一般应遵循下述的构建原则：第一，按照公共交通的模式，既实现有轨电车信号与市政交通控制的有机结合，又推动有轨电车等公共交通运行的相对优先；第二，设备的布局既要经济合理，集中控制道岔等安全重点位置，又要发挥驾驶员的作用，实现运营方便、调度灵活；第三，系统的结构及设备配置要简单，在保证线网在集中调度运用的前提下，尽量减少车上、区间和车站设备。

图 2-1 所示为一种比较典型的现代有轨电车信号系统架构。该系统的主要组成：调度（或综合）指挥中心子系统、正线道岔控制子系统、平交道口优先控制子系统、车载控制子系统、数据通信子系统、车辆段控制子系统及维护监测子系统，这些是现代有轨电车信号系统的核心组成部分。此外，还有数据采集与监视控制系统（supervisory control and data acquisition，SCADA）和乘客信息系统（passenger information system，PIS）等，根据线路的情况可选择性配置。

2.1 调度指挥中心子系统简介

调度指挥中心子系统负责在线有轨电车的指挥、监视和运行计划管理。有轨电车线路一般有网络布局的特点，线路之间通过平交线路连接，有轨电车可跨线运行，实现互联互通，体现其灵活性及便利性。调度指挥中心子系统以行车指挥和运行计划为核心构建，最大限度地降低网络的复杂度，将与各子系统接口的复杂工作量转由在统一网络平台、同一数据平台之上建立的综合系统来完成，从而最大程度地避免与各子系统的相互接口，降低应用的复杂度，提高系统的集成度。调度指挥中心子系统的主要功能如下：

1）运行线路的显示。

2）有轨电车运行的自动监视，具备有轨电车自动识别、监视和车次号显示功能。

3）时刻表编制及管理。

4）进路自动控制。

5）根据有轨电车的位置及时刻表，计算预计到站时刻和列车晚点信息。

6）操作与数据记录、输出及统计处理。

7）与其他系统交换信息。

8）具备管理多条有轨电车线路的能力，满足路网的集中调度需求。

9）模拟演示及培训。

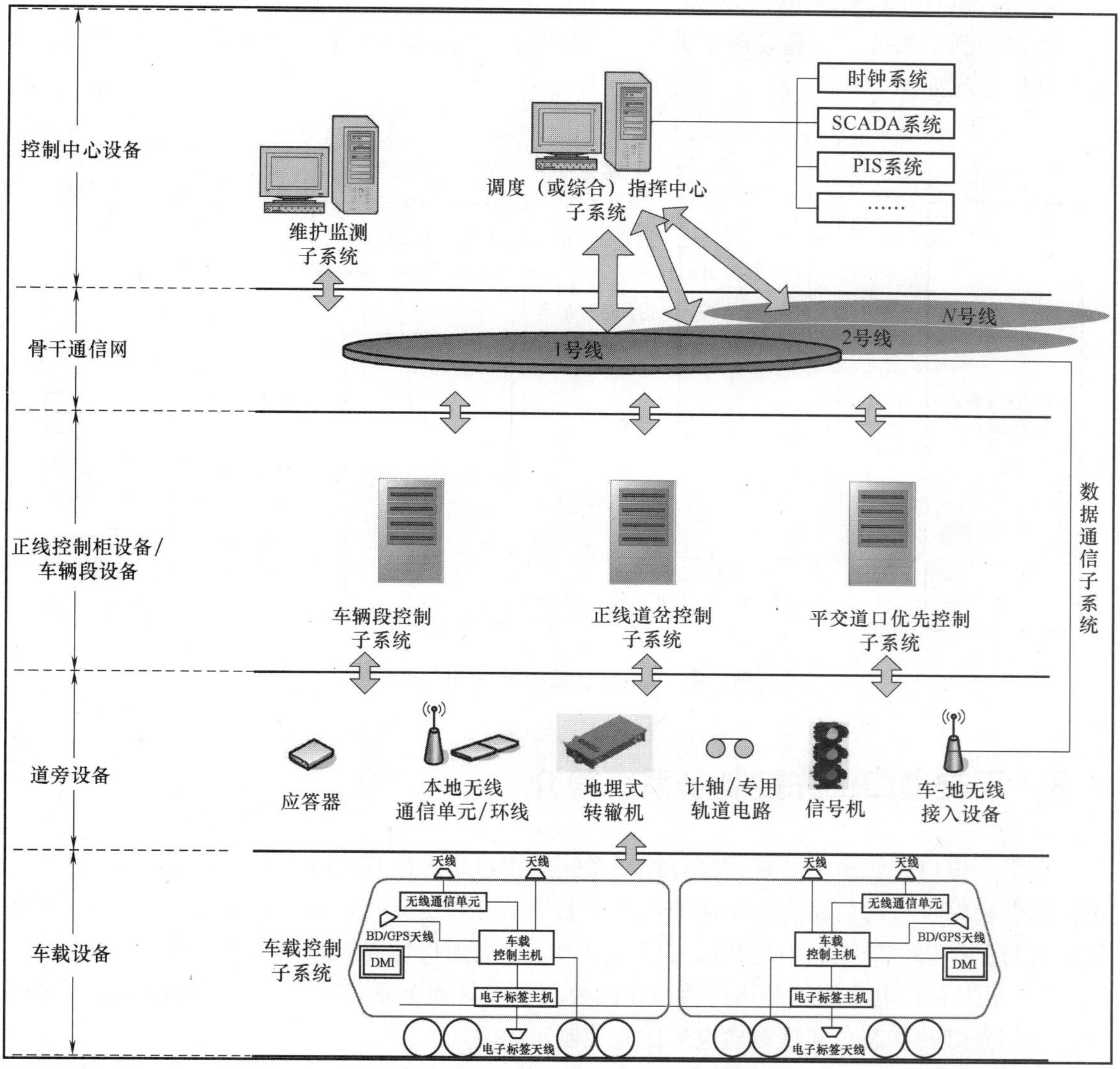

图 2-1　现代有轨电车信号系统架构

2.2　正线道岔控制子系统简介

道岔是有轨电车在转线及折返过程中需要频繁操作的主要部件，直接决定了有轨电车的行驶路径，其安全和效率十分重要。正线道岔控制子系统的主要功能如下：

1）为接近的有轨电车自动办理进路。

2）接收车载控制子系统的进路（道岔）遥控命令，办理进路。

3）控制进路开放、防护、锁闭及解锁等，具备联锁功能。

4）具备人工现场控制道岔功能。

5）向接近的有轨电车发送对应路径的运行控制显示状态。

6）向综合指挥中心子系统上传道岔、信号及占用状态。

7）系统设备检测及信息上传。

道岔控制子系统、车载控制子系统、调度指挥中心子系统相互连接完成道岔的控制功能，其信息流如图 2-2 所示。

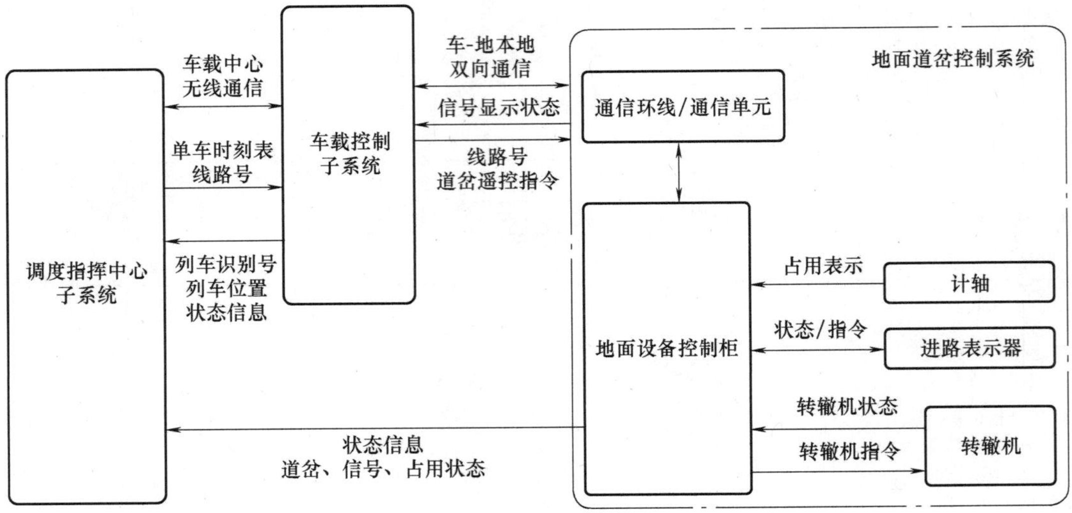

图 2-2 正线道岔控制子系统的信息流

2.3 平交道口优先控制子系统简介

在平交道口，轨道与公路信号灯控制系统的接口是保证有轨电车运行效率和准点率的关键，需要在综合考虑公路交通整体协调性的前提下合理定义有轨电车的优先权，并由运行控制系统与公路信号灯控制系统接口实现该要求。平交道口优先控制子系统的主要功能如下：

1）根据有轨电车接近及运行状态，向公路信号灯控制系统发送列车通过请求，采集道口交通信号灯的状态，实现有轨电车优先控制。

2）控制有轨电车道口专用信号灯的显示，向有轨电车发送路口专用信号的允许通行/禁止通行状态。

平交道口信号优先控制子系统是有轨电车信号系统区别于地铁、轻轨等其他城市轨道交通车辆的最显著特征，具有一套完整的控制思想和方法，本书将在第 2 篇专门进行介绍。

2.4 车载控制子系统简介

车载控制子系统的主要功能为：

1）将接近道岔区域的信号显示状态实时、正确地反映到车载人机界面上。

2）在接近道岔区域时，通过车-地通信设备与正线道岔控制子系统交互完成道岔的自动控制。

3）在接近路口时，通过车-地通信设备与平交道口优先控制子系统交互完成路口的自动控制。

4）在全手工模式下，提供驾驶员人工办理进路或操纵道岔的手段。

5）接收来自调度指挥中心子系统的运营信息并显示。

6）通过北斗卫星定位系统或全球定位系统、列车位置检测设备、速度传感器等实现有轨电车的组合定位，并将定位信息通过数据通信子系统发送至调度指挥中心子系统。

车载控制子系统的系统结构如图 2-3 所示。

图 2-3　车载控制子系统的系统结构

2.5　车辆段控制子系统简介

车辆段控制子系统的主要功能如下：

1）采用计轴设备或轨道电路检测有轨电车的占用状态。

2）计算机联锁系统完成车辆段内道岔、信号及进路的控制，并实现联锁的基本功能：实现进路上道岔、信号机和轨道电路的正确联锁，确保进路正确和电车运行安全。

2.6　维护监测子系统简介

正线道岔控制子系统、车辆段控制子系统的设备具备自诊断和监测报警功能，它们将诊断和监测报警信息传送给调度指挥中心子系统及维护监测子系统，并在相应的工作站和维护终端上实现集中显示及报警。将车辆段、道岔区及平交道口等设备自身的自诊断和监测报警信息传送至车辆段维护监测子系统，从而完成对整个信号系统所有设备的集中在线监视和集中报警功能，并对所有在线运行的信号设备进行维护管理和支持。

第 3 章 信号系统相关设备及其功能

3.1 信号系统设备综述

信号系统相关设备包括应答器、本地无线通信单元、地埋式转辙机、计轴/轨道电路、信号机和车-地无线接入设备等。这些设备布置在轨道旁边，一端与骨干通信网相连，另一端作用于有轨电车，来实现通信、定位、警示、感知、指挥和导向等作用。应答器和环线沿轨道分布安装，能够与有轨电车进行近距离通信，也有有轨电车沿线路定位的功能；本地无线通信单元和车-地无线接入设备负责车-地的数据无线通信；计轴和轨道电路通过感知车轮的通过个数，来准确确定区域内的有轨电车的位置和数目；信号机用于指示有轨电车前方的线路状态和通行权限。地埋式转辙机与信号机、控制器等联动，安全准确地对有轨电车进行导向。

3.2 信号系统相关设备

3.2.1 信号机

有轨电车的信号机脱胎于铁路信号机，指铁路列车在进出站台时的指示灯，通过灯光的颜色、数目和亮灯的状态表示信号，以确保铁路列车能够按一定的顺序及行道运行。随着科技的发展，铁路信号机也逐渐向自动化方向发展。信号机通常分为高柱和矮柱两种，高柱信号机安装在钢筋混凝土机柱上，用于显示距离远、观察位置明显的地方，如车辆段的进出段。矮柱信号机安装在水泥地基上，一般用在信号显示距离近及隧道等安装空间有限的地方。信号机一般分为出站信号机与进站信号机两种。

现代有轨电车通常采用右行车制，因而地面信号机通常设于运行方向的右侧。我国对有轨电车信号机的显示未做统一规定。有轨电车以人工驾驶为主，驾驶员通过目视行车是确定有轨电车信号显示制度的基础。信号灯显示形式多种多样，大致是红、黄、绿三色，附以箭头、秒计时等显示方式，可基本满足有轨电车的运营需求。由于有轨电车运行在不同等级的道路上，道路交通信号设置区别较大，特别是在道岔区域，有轨电车驾驶员按道岔指示器显示行车，其显示距离及显示方式具有较大的特殊性。有轨电车设置独立的信号显示体系，有助于驾驶员的规范操作和运行秩序的保持。图 3-1 所示为阿尔斯通公司有轨电车专用信号显示在欧洲的应用示例。其中，信号机“▌”表示进路开通，有轨电车放行；“╱”表示禁止有轨电车通行；三角形灯显示闪光信号，其下方横向指示灯亮时表示列车在车站停车；当调度中心同意列车出站后，三角形灯显示稳定灯光，横向灯光变成纵向灯光，允许有轨电车发车。

图3-1　有轨电车专用信号显示示例

3.2.2　公路信号灯

信号灯是交通安全产品中的一个类别，是为了加强道路交通的管理，减少交通事故的发生，提高道路的使用效率，改善交通状况的一种重要工具。为了与铁路信号机相区分，信号灯一般指公路信号指示灯。信号灯适用于十字、丁字等交叉口，由道路交通信号控制机控制，指导车辆和行人安全有序地通行。发光二极管（LED）是近年来开发生产的一种新型光源，具有耗电小、亮度高、体积小、重量轻和寿命长等优点，现已逐步替代白炽灯、低压卤钨灯制作的道路交通信号灯。信号灯的特点及性能应符合GB 14887—2011的规定。信号灯杆所装灯具为红、黄、绿三色高亮度像素管发光灯具。光源采用发光二极管（LED），寿命大于10万h。单灯额定功率小于或等于15W，额定电压（AC）为176～264V，电流频率为50Hz。发光强度，红灯为928cd，黄灯为714cd，绿灯为989cd。可视角度大于30°，可视距离不小于500m，外壳防护等级≥IP53。

传统轨道交通，如国铁、地铁中，由于运行线路空间完全封闭，不存在与市政道路的平交，所以公路信号灯不作为线路信号的组成部分。现代有轨电车的轨道在地面铺设，与市政道路存在大量的平交道口，需要将轨道指示信号与公路信号灯联动，有序地指示有轨电车与道路车辆有序通过，保证路口的通行安全。所以，这里将公路信号灯也作为有轨电车信号的显示设备之一。

3.2.3　显示器

车载显示屏也称为人机界面显示器（HMI/MMI），安装于驾驶室的控制台上，一般显示以下几类信息：①有轨电车驾驶模式、泊位、停站时间和发车等驾驶状态等。②有轨电车位置和速度信息。③门状态、列车超速防护（ATP）和故障信息等。④运行日期、时间、车号、驾驶员号等。通过车载显示屏信号系统将调度指挥信息、车辆状态等，一起发给驾驶员。

控制中心的显示屏上显示整个有轨电车运行线路的信号调度、设备状态及视频监视等信息，为中心工作人员提供直观的指挥依据。涉及的信号主要包括具体站场、线路以及电车实际运行信息显示与表达；电车运营组织、调整、查询等；运营记录及统计记录、故障信息及事故调查；系统的维护支持和决策支持等。

3.2.4　轨道电路

轨道电路是由钢轨线路和钢轨绝缘构成的电路。轨道电路的作用是监测电车的占用状态，反映线路的空闲情况，为开放信号、建立进路或构成闭塞提供依据；传递行车信息，通过信号机的显示决定列车运行的目标速度，从而控制列车运行。图3-2所示为轨道电路的基本原理图。它以一段铁路线路的钢轨作为导体，两端加上绝缘装置，接上送电和受电端设备，构成一个独立轨道电路。当没有有轨电车占用轨道时，轨道继电器吸起，表示轨道空闲；当有有轨电车占用轨道时，轨道电路被轮对分路，流经轨道继电器的电流大大减少，轨道继电器落下，表示轨道被占用；特殊情况下，当轨道电路对应的钢轨折断时，轨道电路受电端轨道继电器中无电流通过，轨道继电器落下，表示轨道占用（不可用），反映出故障安全导向的设计思想。

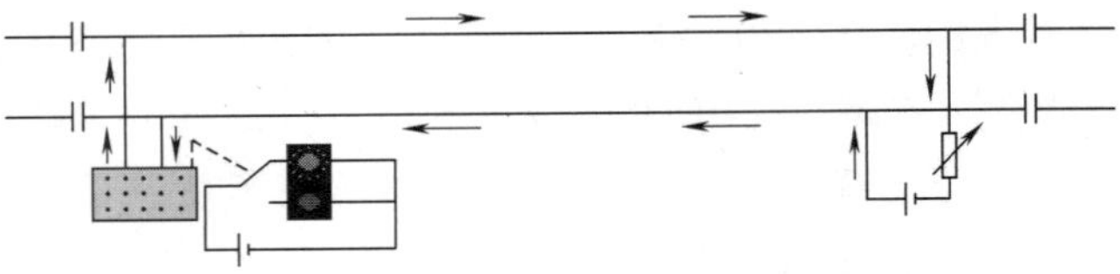

图 3-2　轨道电路的基本原理图

在道岔区段，钢轨线路有分支，通常采用串联或并联式的轨道电路。

轨道电路按所传送的电流特性分为工频和音频两类。工频轨道电路中传送连续的工频交流电流，轨道电路唯一的功能是监测轨道占用情况。音频轨道电路除了监测轨道占用情况外，还能传输列车的速度、距离、线路坡度等行车信息。按照信息处理技术分，音频轨道电路可分为模拟轨道电路和数字轨道电路，按调制方式可分为调幅式和调频式。

3.2.5　计轴器

计轴器是用于计算车辆进出区段的轮轴数，监测列车占用轨道区段的一种技术设备，它不受轨道线路、道床状况的影响，可靠性更强。

计轴器包含室外设备和室内设备两部分。室外设备有轮轴传感器和电子连接箱（包括发送器及接收器），室内设备有运算器和继电器等。轮轴传感器将有轨电车通过的车轴数转换成电脉冲信号，生成车轴计数信号；两个磁头根据产生的轴脉冲时间的先后，判断车轴的方向。室内设备中的运算器将进出两个计轴点间的轴脉冲信号进行计数和比较，判断区间是否空闲。室内设备也有采用计轴核算器的，其由电源、计算机、串行输入输出及并行输入输出等构成，除了取得脉冲数据，确定占用信息，还可向联锁设备输出状态信息，以及进行系统状态的自检。

3.2.6　应答器和电子标签

应答器是一种采用电磁感应原理构成的高速点式数据采集传输设备。在地面固定地点道床上设置无源应答器，在列车上安装查询器。列车经过时，通过向地面无源应答器发射信号，从应答器反馈信息获得列车自身位置，结合多个应答器点的距离和时间，可以得到列车运行的速度。应答器向 ATP 系统中的车载查询器传输的主要信息包括线路坡度、区段长度及运行速度等。根据所传输电文是否可变，应答器可分为固定信息型（无源）和可变信息型（有源）。应答器的速度性能比较突出。

电子标签（RFID）与固定信息型应答器原理相似，既可以安装在路面，也可安装在路旁开阔处。这是一种非接触的自动识别技术，它利用射频信号和空间耦合（电磁感应和电磁耦合）传输特性，在读卡器和射频卡之间进行无线双向通信，实现对被识别物体的自动识别。最基本的 RFID 系统由读写器、天线和电子标签三部分组成。RFID 采用存储在电子标签中的唯一的 ID 标识物体，读写器自动、高速地收集识别范围内的标签信息数据，从而实现自动识别物品和收集物品标识信息的功能。对于有轨电车，其使用原理为：在车辆经过的道路下方埋设电子标签来标识此处的位置，并在车辆的下方安装标签阅读器。当车辆通过时，阅读器发射出的射频信号使电子标签凭借感应电流将芯片内存储的位置信息传给车辆上的阅读器（时间很短，约几十 ms），并由车载设备传给调度指挥中心。调度指挥中心则可明确车辆的位置。

3.2.7　红外检测系统的工作原理

红外检测系统的工作原理为：在即将到达交叉口的地方设置红外感应设备，车辆到达后，路旁设备通过红外方式检测到达的车辆，并将车辆发出的信息转换成请求信号，输出到交通信号控制设备中，由交通信号控制设备将路口交通信号通行权给车辆；车辆通过路口后，由交叉口下游出口处另一红外设备检测到车辆，控制信号灯则恢复成没有车辆通过的方式。红外检测技术系统的构成比较简单，精确度较高，但是车载设备和地面设备间有障碍物阻挡时，信号传输受阻。

3.2.8　GPS 的组成及特点

GPS 是 global positioning system（全球定位系统）的简称。GPS 是以卫星为基础的授时与测距导航无线电定位系统，能为车辆、行人等移动物体提供精确的三维坐标、速度和时间，即用人造卫星来确定一个物体在地球上的具体位置。

GPS 主要由空间卫星、地面监控和用户设备等三部分组成。空间卫星部分由 24 颗（3 颗备用卫星）卫星组成，分布在 6 个轨道面内，每个轨道上分布有 4 颗卫星。此空间星座的分布保障了在地球上的任何地点、任何时刻至少有 4 颗卫星可供同时观测，而且卫星信号的传播和接收不受天气影响；可提供星历、时间信息及发射载波信号等。

地面监控部分由分布在全球的多个地面站组成，包括 5 个卫星监测站、1 个主控站和 3 个信息注入站三部分，监测卫星是否正常工作，实现时间同步，以及跟踪卫星进行定轨等功能。

用户设备部分即 GPS 接收机，主要用来接收并观测卫星信号、记录和处理数据、提供导航定位信息等。根据 GPS 用户的要求不同，GPS 接收机有许多不同的类型，一般可分为导航型、测量型和授时型。完整的 GPS 用户设备包括接收机硬件、机内软件及 GPS 数据的后处理软件。GPS 接收机包括天线和接收单元两部分，一般采用机内和机外两种直流电源。机内电源的作用在于更换机外电源时不中断地连续观测，在用机外电源时机内电池自动充电，并且关机后机内电池为随机存储器（RAM）供电，以防止数据丢失。

GPS 具有全球性、全天候和连续性三维导航和定位能力，并具有良好的抗干扰性和保密性。GPS 最初主要用于导航、收集情报等，后来逐渐大量应用于航天、军事、交通及勘探等多个领域的导航和定位。

GPS 主要有以下特点如下：

1）全球性连续覆盖，全天候工作。

2）高精度、三维定位。

3）实时导航、定位。

4）被动式全天候导航、定位。

5）抗干扰性好、保密性强。

3.2.9 转辙机

转辙机是道岔转换和锁闭控制的执行机构，由动力转辙机转换和锁闭道岔，易于集中联锁，实现自动化。转辙机的作用主要是：根据需要将道岔转换至相应的位置；转至所需位置后，实现锁闭并给出相应的表示，在因故使基本轨处于与两侧尖轨均不密贴的位置时，给出报警。动力转辙机的组成部分通常包括电动机、减速器、转换器、自动开闭器、摩擦连接器、挤岔装置和表示装置等。

3.3 信号系统相关设备的功能分析

3.3.1 信号机的功能分析

信号机主要指交叉口的信号控制设备，以实现对路口红、黄、绿灯的控制。随着交通事业的发展，信号机也逐渐用于高速公路的出入匝道、隧道、桥梁及环交等方面的信号控制，其控制方式有定周期、车辆感应和主机协调控制等。信号机通常用于十字路口的控制，也适用于五叉、六叉等较复杂的路口或多路口控制，可分别控制路口的机动车灯、人行灯、非机动车灯、转弯箭头灯及可变标识等。早期使用的信号机都是按照某种固定不变的周期长度和红绿灯比例来控制交通信号运行的，即所谓固定配时方式。这种配时方式的缺点是无法适应交通量随时间波动的情况，降低了绿灯时间的利用率，增加了车辆在交叉口的延误时间。后来，交通工程师又研制出一种车辆感应式信号机，埋设在路面的车辆传感器，把检测到的车辆信息传送到信号机，信号机再根据接收到的信号来控制红绿灯运行。实践证明，全感应控制的效率比单点、定周期的方式要高，这种方式虽然有很大的灵活性，但也有一定的局限性。当交叉口各个进口方向交通负载接近饱和程度时，感应式控制方式便失去了其灵活性，因为此时信号机实际上只能按某个固定比例来分配各个方向绿灯时间，与固定配时的控制方式一样。而且作为一个城市，不仅要考虑一两个路口，还要协调整段道路、整个区域的交通关系。随着微处理技术和微型计算机的问世，出现了以微型计算机作为主控机的区域交通控制系统。主控机根据各个路口信号机传送的交通流量，不断调整控制方案的参数，选择最佳的红绿灯时间，使路网上的车辆延误时间为最小，这就是自适应协调控制的工作方式。这里介绍的信号机，不仅仅是作为一个路口的控制设备，更是作为系统控制中的终端机考虑的。

3.3.2 计轴器的功能分析

计轴器可以避免可能存在的、已知的固定干扰频率，从传输途径上提高抗干扰的能力。计轴器作为轨道电路的替代品，当有轨电车运行自动控制（ATC）系统出现故障时，由其构成联锁、闭塞系统，以确保有轨电车运行安全。

计轴器作为基于通信的列车控制（CBTC）系统的后备模式中轨道电路的替代品，能够检测轨道区段的空间，当有轨电车运行自动控制（ATC）系统出现故障时，由其构成联锁、闭塞系统，实现新型行车闭塞制式。

3.3.3　应答器和电子标签的功能

（1）应答器　应答器用于向有轨电车控制系统传送线路基本参数、线路速度、特殊定位、列车运行目标数据、临时限速及车站进路等固定的和实时可变的信息。

应答器的主要功能如下：

1）传送线路基本参数（线路坡度、轨道区段长度等）。

2）传送线路速度信息（线路最大允许速度，有轨电车最大允许速度）。

3）传送临时限速信息（施工引起的对有轨电车运行速度的限制）。

4）提供特殊定位信息（有轨电车定位）。

（2）电子标签　与传统的条形标识码相比，电子标签（RFID）有如下优势：

1）快速扫描。条形码一次只能有一个条形码受到扫描；RFID 辨识器可同时辨识读取数个 RFID 标签。

2）体积小型化、形状多样化。RFID 在读取上不受尺寸大小与形状限制，不需为了读取精确度而配合纸张的固定尺寸和印刷品质。此外，RFID 可向小型化与多样化形状发展，以应用于不同产品。

3）抗污染能力和耐久性。传统条形码的载体是纸张，因此容易受到污染；RFID 对水、油和化学药品等物质具有很强的抗污染能力。此外，由于条形码是附于塑料袋或外包装纸箱上，所以特别容易折损，耐久性差；RFID 卷标是将数据存于芯片中，具有很好的耐久性。

4）可重复使用。条形码在印刷上去之后就无法更改；RFID 标签则可以重复地新增、修改、删除，RFID 卷标内储存的数据，方便信息的更新。

5）穿透性和无屏障阅读。在被覆盖的情况下，RFID 能够穿透纸张、木材和塑料等非金属或非透明的材质，并能够进行穿透性通信；而条形码扫描机必须在近距离而且没有物体阻挡的情况下，才可以辨读。

6）数据的记忆容量大。一维条形码的容量是 50B，二维条形码最大的容量可储存 2 ~ 3000B，RFID 最大的容量则有数 MB。随着记忆载体的发展，数据容量也有不断扩大的趋势。未来物品所需携带的资料量会越来越大，对卷标所能扩充容量的需求也相应增加。

7）安全性。由于 RFID 承载的是电子式信息，其数据内容可由密码保护，使其内容不易被伪造及改变。近年来，RFID 因其所具备的远距离读取、大储存量等特性而备受瞩目。它不仅可以帮助一个企业大幅提高货物、信息管理的效率，还可以让销售企业和制造企业互联，从而更加准确地接收反馈信息，控制需求信息，优化整个供应链。

3.3.4　红外检测技术的功能分析

红外检测技术主要用于检测有轨电车到达交叉口位置，将结果发送到公路的交通信号控制设备，申请交叉口通行权限。红外检测的结果有时与其他位置检测的结果结合使用，如环线、计轴等。

3.3.5　转辙机的功能分析

转辙机作为一种锁闭装置，当尖轨与基本轨不密贴时，不能进行锁闭；一旦锁闭，不会因车通过道岔时的震动而错误解锁。转辙机的电动机电路发生故障时，将自动切断道岔启动电路；当以进路控制方式操纵道岔时，进路上的道岔顺序选出，动作电流错开起动峰值。

转辙机应能可靠地采集道岔开向表示信息、信号机（进路表示器）的显示状态、LED灯损坏报警信息及转辙机的故障信息等。联锁设备保证正确、可靠地采集列车检测设备检测到的轨道空闲/占用和故障信息。

3.3.6 车载子系统 GPS 的功能分析

车载子系统 GPS 可结合各道岔区的车-地双向通信设备及平交路口的道口检测设备（采用车-地双向通信设备）进行有轨电车定位数据校准，同时满足在丢失某个定位信息时不对有轨电车运行造成影响，具有一定容错能力。

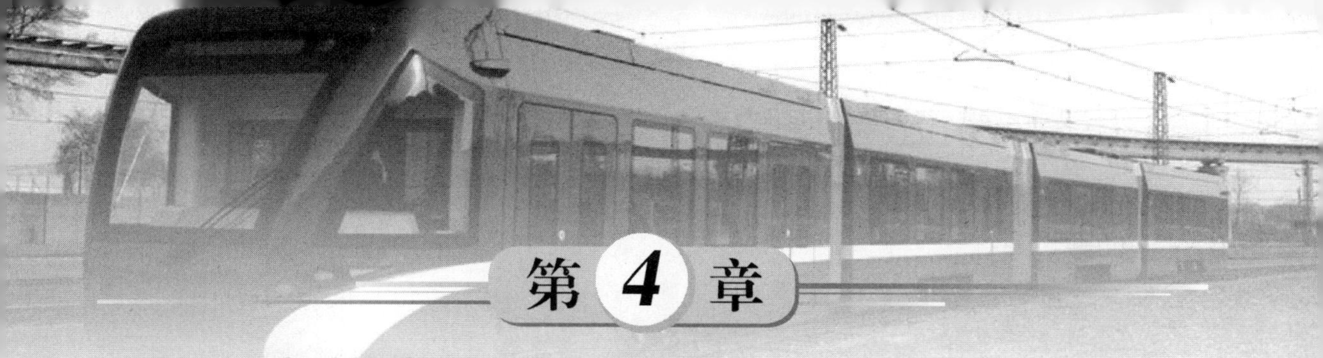

第 4 章 有轨电车信号核心子系统详解

4.1 调度指挥中心子系统

随着各城市现代有轨电车建设的不断实施，现代有轨电车的运输及调度指挥问题已变得日益突出。目前，国内现代有轨电车通常采用非独立路权方式运行，对调度指挥的安全、正点和有序等提出了更高的要求。此外，随着城市轨道交通网络的逐步形成，目前分散的、以线路为单位的调度指挥将逐步发展成集中式的、综合的轨道交通监视、控制、操作和管理中心，能够确保运营和各系统安全可靠地运行，方便操作人员对运营过程实施全面的集中监控和管理，提高系统的应急处理能力。

本章根据高速铁路、城际铁路和城市地铁调度指挥系统的成功经验，结合国外有轨电车系统的建设情况，提出了符合我国国情的有轨电车调度指挥中心子系统的解决方案。其指导思想是：形成统一的城市轨道交通运输管理与控制系统，综合管理运力资源，降低总运营成本；协调各线间的运输，确保城市交通的畅通；建设综合型控制中心，根据城市轨道交通的建设进程，随时将新建线路接入控制中心，降低系统的建设成本；统一技术标准和技术规范，形成网络化、信息共享型交通运输管理与控制体系，方便系统的集成与运行维护；采用现代系统集成技术，快捷实现与机电监控、乘客信息服务、安全监控等系统的集成与互联。

4.1.1 调度指挥中心子系统的定位

现代有轨电车调度指挥中心子系统是对有轨电车运行进行管理、指挥、控制和监控的综合型管理与控制的一体化系统，实现对城市有轨电车的运输组织、运行监控、车辆运用、供电监控、环境监控和维修管理等；进行智能化、综合化和集成化管理，保证系统的管理水平和运行安全；协调处理城市有轨电车网络运行，降低系统的总运营成本。现代有轨电车调度指挥中心子系统的应用场景如图 4-1 所示。

通过有轨电车调度指挥中心子系统，控制中心的调度（操作）人员可统一编制全网有轨电车的运行计划、乘务计划、供电计划和维修计划，并将计划及时传送到各有轨电车。各有轨电车按照调度指挥中心的时刻表运行，同时调度人员可实现对有轨电车运行位置、速度和状态的监视，在必要时可以直接控制沿线的道岔、有轨电车信号和道口信号，并向有轨电车发布相应的调度命令。此外，调度指挥中心还可以监控有轨电车沿线、站台及车内的状态，及时处置各类突发事件。

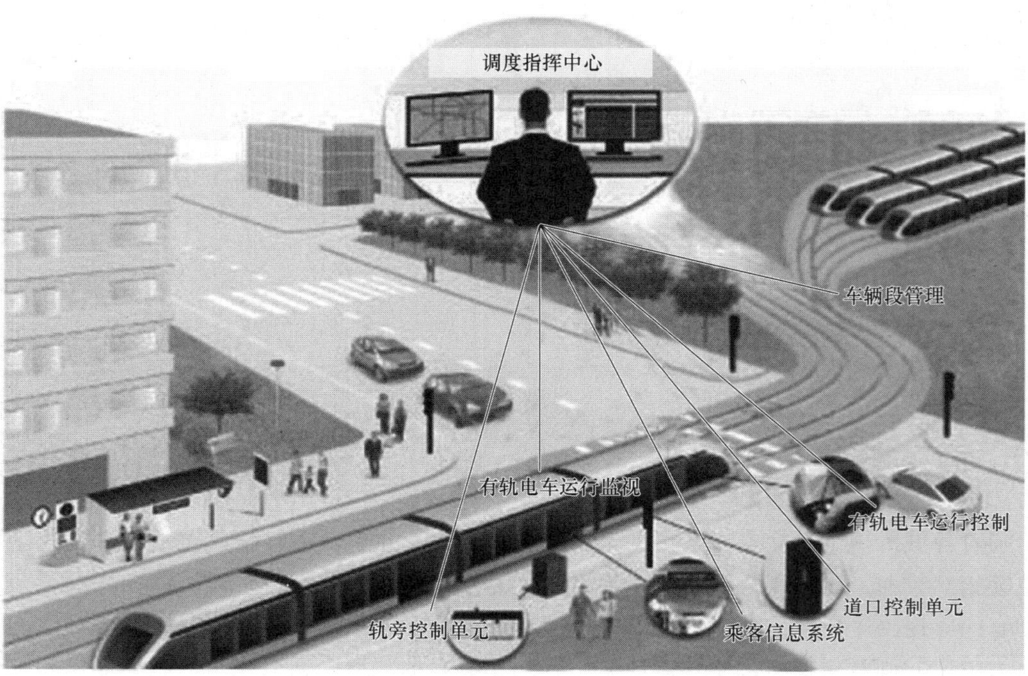

图 4-1　现代有轨电车调度指挥中心子系统的应用场景

在此基础上，调度指挥中心子系统还可以集成乘客服务信息系统、车辆段管理系统，实现对有轨电车系统的高度集成，将传统的以运行监控为主的业务模式升级为有轨电车交通网络的综合化管理。有轨电车的智能化调度是借助于现代化方法实现的车辆调度自动化，对车辆的运营调度起到辅助决策作用。智能调度系统可以在保证调度环节优化的基础上，进行调度管理，以优化的流程、最低的成本完成车辆的运营调度，从而提高整体运营效率和服务质量。

现代有轨电车调度指挥中心子系统的主要技术特征为：

1）运行时刻表、车辆运用计划、乘务计划和维修计划的统一编制与发布。

2）列车进路的自动控制。

3）安全、高效的道口信号控制。

4）有轨电车运行的精确定位、跟踪与监视。

5）车站和有轨电车的安全监控。

6）乘客服务信息的及时发布。

7）设备集中监视与统一维护管理。

4.1.2　调度指挥中心子系统的组成

有轨电车调度指挥中心子系统是以先进的计算机通信网络技术为基础的智能信息共享平台，为调度指挥部门采集线路信息、监视/协调、应急处理提供现代化辅助的管理工具。该系统的人机界面显示轨旁设备状态、有轨电车状态、有轨电车运行图及信息记录等相关设备及状态信息，包括运输组织与区域控制器、运输组织与联锁、区域控制器与联锁的通信状态，以及各子系统的设备运行状态。根据各个状态重绘总览图中对应的区域，如某一设备或通信系统正常/故障，则将其对应位置绘制为绿色/红色。轨旁设备状态包括轨道、道岔、信号机和道口的状态。根据读取的线路数据在对应位置标识信号设备；根据联锁主机上传的轨旁设备状态，在主界面的线路总览图上进行重绘，以图形和颜色的方式显示各轨旁设备的状态。

调度中心子系统根据线路的运营情况，通过处理和统计后，生成一系列的运营报告。运输组织提供的统计报告包括有轨电车正晚点、每日每旅程的误点班次、有轨电车运行正点率、车辆设备状态、信号设备的状态、车载设备的状态及进路控制等。运输组织自动记录包括所有运营操作记录、信号设备故障报警及恢复记录、车辆等设备的状态数据及故障报警等记录。

有轨电车调度指挥中心子系统的组成如图 4-2 所示。

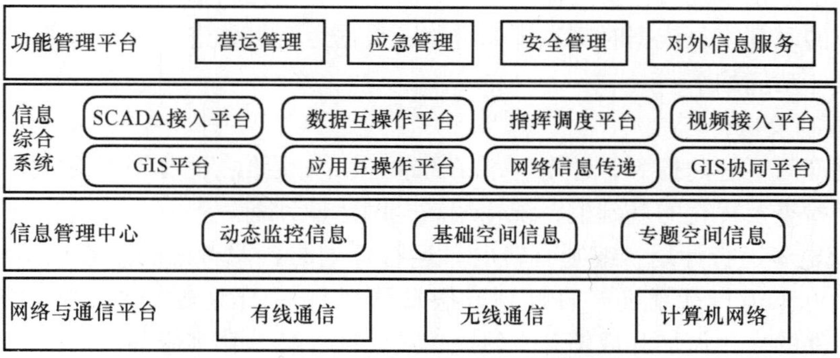

图 4-2　有轨电车调度指挥中心子系统的组成

管理信息是针对管理对象、线路设施和管理者等管理客观要素状态的描述。由于它涉及多个监控系统，每个监控系统都要产生大量的实时监控信息，因而信息具有动态和海量的特征。同时，管理信息还应具有空间数据的特性，所有的监控信息和有轨电车运行信息都可以通过空间坐标系检索和存取。所有信息通过网络与通信平台，以有线通信、无线通信或计算机网络通信的形式，接入信息管理中心。

1. 信息管理中心

信息管理中心由通用的数据转换接口直接从实时接入系统、业务管理系统和综合数据库中获得信息（数据）完成。其主要内容包括基础空间信息的录入，空间属性信息的录入及其管理和维护，业务管理信息的采集、信息（数据）传输及数据分析和融合。

2. 信息综合系统

信息综合系统主要包括 SCADA（数据采集与监视控制系统）接入平台、GIS（地理信息系统）平台、互操作平台、网络信息传递和指挥调度平台。通过 SCADA 接入平台和网络信息传递为两个系统之间建立联系；应用互操作平台实现系统中异构、异种系统和信息管理的融合，为系统提供经过加工的综合信息和引用，实现不同系统中的数据综合统一管理；指挥调度平台是一个辅助决策支持系统，通过此功能系统可以显示接入的历史和及时数据内容，详细地显示各种设备、设施状态的动态数据变化趋势及其他与有轨电车系统相关的系统的信息。并可同预测分析模块结合，建立历史曲线和趋势曲线显示。

3. 功能管理平台

该平台主要实现有轨电车系统的各种管理功能，它由营运管理平台、安全管理平台、应急管理平台和对外信息服务平台四个部分组成。

营运管理和安全管理主要服务于有轨电车系统内部的调度指挥、生产作业部门和人员，它涵盖运输生产的各个主要环节，为系统内部的生产作业部门和人员提供综合信息服务。应急管理主要面对领导和调度指挥人员，以提高对突发事件的应急处理能力为目标，向用户提供对事件的辅助决策支持服务。对外信息服务主要面向系统的上级领导部门和公众，根据不同的访问权限，上级领导部门可以从系统中获得所需的长期规划和应急决策等方面的信息，而公众可以查询到所需的出行决策支持信息。

4.1.3 调度指挥中心子系统的功能分析

调度指挥中心子系统负责实时监督整个有轨电车运行控制系统的运行状况，自动为有轨电车下发相应的时刻表，依据时刻表排列进路，根据运营需求进行有轨电车自动调整或人工运营调整。具体功能如下。

1. 计划编制及执行

根据管理部门下达的指令、计划、市场需求，以及线路、设备等相关情况，在对基本运输计划合理性检查及优化的基础上，统一编制全网运输计划。

（1）有轨电车运行计划　编制有轨电车运行计划时，需考虑的因素包括计划实施日使用的基本有轨电车运行计划（平日计划或假日计划）；由于运输需求、固定或移动设备状况、气象等条件的变化而加开或停开有轨电车的情况；各综合维修部门提交的维修申请；计划实施日施工影响的有轨电车范围和时间范围、影响程度等；计划实施日需要的各种施工车辆在前一日的停放地点等。调度指挥系统可以根据给定的运营数据自动生成运行时刻表，在有轨电车进入正线后自动下发给对应列车，并依据该时刻表自动排列进路。调度员可以根据运营需求对时刻表进行手动调整或下发人工运营调整命令，如提前发车、扣车、跳停及临时限速等，也可通过调度指挥系统的自动调整功能，自动调整有轨电车运行时刻表。

（2）车辆交路计划　编制车辆交路前，需考虑的因素主要包括有轨电车运行计划；基本车辆交路计划；车辆段（所）的设置；车辆的修程、修制；有接续交路时的最短接续时间；计划实施日车辆的可用情况；车辆的各级检修和走行里程等履历信息；一段时间内各车辆段工作量的均衡等。

（3）乘务计划　主要考虑的基本因素包括基本有轨电车运行计划；有轨电车运行实施计划；车辆交路计划；乘务基地和乘务所的设置；乘务组的可用情况；乘务准备时间和折返时间等。

（4）维修施工计划　根据有轨电车运行实施计划，考虑施工范围和影响，在综合协调后，确定计划实施日的具体综合维修方案，包括维修地点、维修作业内容、工作量及时间安排、维修车辆的运行径路、维修车辆的上下道时间及安全防护措施等。

（5）供电计划　根据有轨电车运行计划、综合维修计划和供电设备状况编制。供电计划主要包括停送电时间、停送电区段及停电原因等信息。

2. 信号设备操纵及状态显示

人机交互是调度指挥系统的重要功能之一。调度指挥系统的工作界面上可以显示包括车辆段在内的全线信号设备工作状态。调度员可以在显示界面上直接对信号设备进行人工操纵，包括对道岔的定操、反操、单独锁闭、单独解锁、封锁和封锁解锁等操作，对轨道区段的故障解锁、区段封锁、区段封锁解锁、临时限速和临时限速取消等操作，对信号机的进路终端、设置车队模式、取消车队模式和取消进路等操作。

3. 列车信息管理显示

调度指挥系统依据时刻表为所有投入运营的现代有轨电车自动分配车次号，通过通信系统获取列车的位置、速度、运行方向、完整性、倒溜状态、车载设备状态及车-地通信状态等信息。在列车故障或系统降级运行时，能在显示上加以区分，并且可以在通信中断后的一段时间内保存有轨电车信息。

4. 自动排列进路

自动排列进路是指根据有轨电车的当前位置、有轨电车时刻表，预先确定的进路策略，自动排列进路并向联锁发出进路排列申请。

自动排列进路的目的是减轻操作员的工作量，提高系统自动化程度，以达到提高运营效率的目的。自动排列进路分为一般进路自动排列和折返进路自动排列。折返进路自动排列指列车到达折返站后，根据预先确定的折返策略，配合驾驶员对车上和站台上自动折返按钮的操作，自动生成并向联锁发出进路排列命令。一般进路自动排列指除了折返进路以外的其他进路的自动排列，根据有轨电车的当前位置、时刻表和预先确定的进路策略，自动生成并向联锁发出进路排列命令。

5. 优先权分配

有轨电车到达道口前，预先通知有轨电车前方道口信息，提供选择交通灯优先权转换策略，向联锁发出信号机控制命令请求，保证有轨电车安全有效地通过道口。例如，有轨电车获得优先权，调度检测到有轨电车到达规定位置时发送联锁道口控制命令，联锁保证道口安全条件下控制道口信号机允许有轨电车优先通过，禁止道路车辆通过。

6. 日志记录及报警

包括自动操作和人工操作在内的所有操作日志，会自动存入调度指挥中心子系统数据库。在有异常信息的情况下，调度指挥中心子系统能自动报警以提示操作人员。

7. 运营数据采集及乘客信息提示

为了完成自动行车组织的功能，必须长期地、持续地使用视频处理等方式对现代有轨电车运行数据进行采集。同时，还应对车站和车上的乘客信息进行提示，包括到达时间、自动报站及发车时间等。

8. 统计分析

在计划实施的过程中，有必要根据有关数据、有轨电车运行实际情况等进行运输统计分析，并将统计结果发送到相关部门，形成有效的反馈信息，用以及时指导运输计划的调整与修正。

4.1.4　调度指挥中心子系统的技术方案

1. 系统运行模式

（1）正常进路运行模式　系统在正常情况下采用自动进路控制模式，进路根据接近的有轨电车自动办理，不需要中心调度员或者驾驶员人工介入。驾驶员根据本车的时刻表人工驾驶有轨电车，在岔区根据进路表示器的显示行车，保证运行安全。

中央调度员可根据实际情况调整运行计划，重新下达到各轨旁道岔控制子系统及车载控制子系统。系统根据新的运行计划继续以自动进路模式行车。

（2）站间运行　列车在满足规定的安全间隔和运营间隔要求的前提下，在区间人工驾驶追踪运行。系统基于站间运行时分制订时刻表，对站间运行时分及停站时间上留有一定的余量，给驾驶员自行调整的空间，保证有轨电车按时刻表运行。

车载控制子系统在司机室显示屏（MMI）上显示本车的时刻表信息以及前后车的距离等信息，司机驾驶列车按照时刻表的要求进行站间运行。

（3）折返　有轨电车折返包括站前折返模式和站后折返模式。正常情况下，折返进路的办理采用自动进路控制模式，中央人工、车载人工等方式作为后备进路控制模式，在各种情况和站型条件下，系统均能满足有轨电车折返作业的要求。

（4）开始和结束作业　运营开始时，系统建立对于有轨电车位置和车组号的追踪，并为每一列在线运行的有轨电车分配服务号，根据服务号，有轨电车按照当日计划运行。有轨电车回停车场不再继续运行时，除保持车组号追踪外，进行有轨电车运营结束作业处理，即在当日运行计划中消去运营结束的车次，以免发生车次重号，并生成驾驶员作业报告单。

在终点站或在其他站停留不再运营、临时退出运营的有轨电车，除在运行计划中标记外，也进行有轨电车运营结束作业处理，有轨电车的位置应保留在调度中心系统中。

（5）进出停车场　在有轨电车预定离开停车场前，车载设备通过自检和自诊断功能确认车载设备工作是否正常，避免出现因车载设备工作不良而造成有轨电车延误出场的现象。有轨电车进出停车场时，均根据进路表示器指示行车。

2. 系统控制模式

（1）自动控制模式　正常情况下，有轨电车的运行处于中央自动控制模式，调度指挥中心子系统根据计划运行图/时刻表、有轨电车运行调整指令、运行位置和运行方向，按照与正线及停车场道岔控制子系统接口消息协议，分阶段自动生成或逐条自动判断、生成道岔控制命令，传送到正线及停车场道岔控制子系统，由正线及停车场道岔控制子系统根据有轨电车的运行位置设置有轨电车进路。

（2）中央人工控制模式　使用中央人工控制模式时，调度员根据计划运行图/时刻表、有轨电车运行位置，人工判断、生成道岔控制命令，按照与正线及停车场道岔控制子系统接口消息协议，传送到正线及停车场道岔控制子系统，设置有轨电车进路。

（3）车载人工控制模式　在接近岔区的时候，读取进路激活信标后，由驾驶员在车载控制子系统的人机界面上通过按压进路终端按钮和确认按钮办理进路，车载控制子系统将信标、运行方向及进路命令发给正线及停车场道岔控制子系统，设置有轨电车进路。

（4）现地人工控制模式　由驾驶员在地面道岔控制子系统的控制柜内，通过操作道岔控制按钮操纵道岔。

（5）手扳道岔模式　由驾驶员使用便携杆状工具插入转辙机的手动操作插槽搬动道岔。

3. 系统结构设计

调度指挥中心子系统是有轨电车网络运行的神经中枢，负责制定并实施运输计划，是保证有轨电车运行畅通的核心系统；是确保各系统之间密切协作、相互配合，共同实现运输目标，保证现代有轨电车高效、安全运行不可缺少的关键系统。调度指挥中心子系统主要完成有轨电车网络的运输计划编制、运输过程控制与管理、运输数据统计分析以及外部系统信息交换等的管理、指挥和监控。通过建设标准的、统一的和开放的系统集成平台，将各相关系统进行高度的集成，形成完整的新型有轨电车网络管理、指挥与监控体系，实现对新型有轨电车网络内所有运行车辆、区间和车站及乘客的监视、控制、协调、指挥、调度和管理，确保运输有序进行。调度指挥中心子系统的结构如图 4-3 所示。

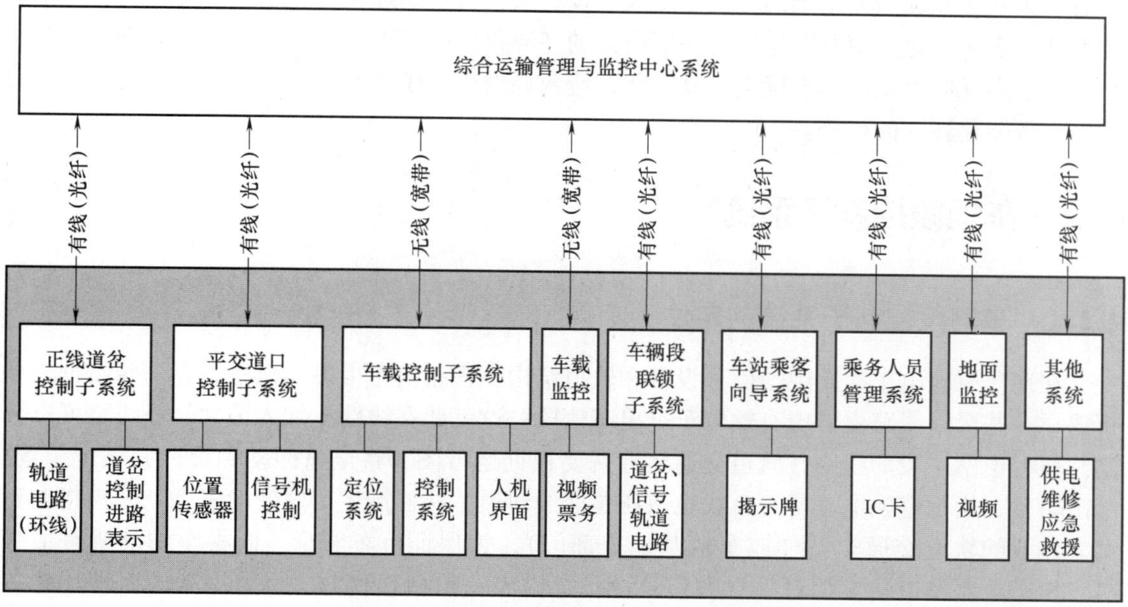

图 4-3　调度指挥中心子系统的结构

4.1.5　有轨电车的应急调度指挥

有轨电车的应急调度指挥可借鉴现有城市轨道交通应急调度指挥的管理办法。城市轨道交通在运营组织中特别强调各部门、各单位的协同性和联动性，使各专业、各子系统和管理层达到准确高效的协同，并提高服务质量和应急联动效率。在这个总目标的指导下，集中控制和统一指挥成为城市轨道交通运营组织的必要原则，而调度员则是该原则的主要执行者。调度员的工作主要体现在“中枢神经”的作用上，即体现其监督、控制、协调及指挥等功能。从运营生产角度来说，调度员的主要职责包括两个方面的内容：在常态情况下，确保有轨电车按运行计划有序运行；在异常情况下（突发事件发生时），协调指挥处理突发事件，确保行车安全，并尽快恢复运营。

1. 常态情况下调度员的职责及流程方法

在常态情况下，调度员的主要职责是监督列车运行情况，使列车按计划行车。同时，根据客流变化及时调整运力安排，合理使用生产资源，执行指挥、协调、监督与控制，保障运营安全与质量，确保运营生产的顺利实施。

2. 异常情况下调度员的职责及流程方法

在异常情况下，调度员的主要职责是运营事故及其他运营突发事件的处置、抢险的指挥与协调工作，以确保行车安全，减少突发事件的影响与损失，以迅速恢复正常运行为目标，及时采取一切有效措施，控制事件的发展态势。在异常情况下，由于远程监控的作业特性，调度员无法依靠监控设备获得事件的具体信息，必须借助调度电话等通信工具与现场人员进行沟通，获得详尽的信息。在对大量信息进行融合判断的基础上，依靠应急处置知识和经验做出相应的应急调度决策。

现有的应急调度决策是以调度员和现场工作人员等运营管理人员对大量人工或自动化信息的采集和交互反馈为基础的。由于受人、设备及社会自然环境等复杂因素的影响，突发事件类型呈现多样化，由此产生应急调度决策的差异化信息需求，以及大量烦琐的应急处置预案。为了实现应急调度的准确化、高效化，应急调度指挥模式有由目前的人工模式向未来的自动、智能化转变的趋势。

4.2 车辆段控制子系统

4.2.1 车辆段控制子系统的定位

在现代有轨电车线路中，信号设备和轨道结构比铁路简单得多。但由于有一些站可能要折返，一些区间线路要考虑有轨电车进出车辆段，这就要在线路上加入道岔，使线路可以分岔。在有道岔区段的线路，轨道交通信号就要根据运行图，将道岔搬动到位，并锁定位置、给出信号，指示有轨电车是走直线轨道还是曲线轨道，从而产生了联锁的概念。联锁指在有调车作业的轨道交通车站（或车辆基地等部门），为保证行车安全，而将车站的所有信号机、轨道电路及道岔等相对独立的信号设备，构成一种相互制约、互为控制的连带环扣关系，即联锁关系。

进路是有轨电车或调车机车在站内运行时所经由的路径，所有进路都有起点和终点。终点通常是下一个信号机、终点站、调车场或车厂。敌对进路是指两条或两条以上会产生交叉、重叠的进路。现代有轨电车线路的联锁有以下要求：首先，开通进路的道岔位置未确定到位之前，防护该进路的信号机不能开放；其次，进路的道岔开通后，即进入锁闭状态不能再转换，防护该进路的信号机开放，敌对进路信号机不能开放；第三，在主体信号未开放前，预告信号、复示信号均不能开放。

4.2.2 车辆段控制子系统的组成

1. 计算机联锁

20 世纪 70 年代后期，随着计算机的迅速发展和推广应用，以及可靠性技术的进步，各国相继研究计算机联锁。从软件入手，采用通用计算机，通过软件或硬件冗余实现故障-安全。1978 年，由瑞典研制的世界上第一套计算机联锁控制系统在瑞典哥德堡站的成功应用，掀开了车站联锁控制系统研究与应用的新篇章；到了 20 世纪 90 年代，不少国家已开始大面积推广计算机联锁控制系统。

20 世纪 80 年代，中国铁道科学研究院、铁道部通信信号总公司研究设计院、北方交通大学等科研机构相继开展了计算机联锁控制系统的研制工作。1984 年，铁道部通信信号总公司研究设计院研制生产的车站计算机联锁控制系统成功地应用于地方铁路。计算机联锁与传统的继电联锁的主要区别在于：

1）利用计算机对车站值班员的操作命令和现场监控设备的表示信息进行逻辑运算后，完成对信号机、道岔进路的控制，并实现联锁关系。

2）计算机发出的控制信息和现场传回的表示信息均可实现串行传输，节省电缆。

3）用屏幕显示代替控制台表示盘，体积小，便于使用，还可根据需要多机并用。

4）采用模块化软件和硬件结构，便于设备改造，并容易实现故障控制、分析等功能。

与继电联锁相比，计算机联锁具有以下显著优点：

1）随着大规模集成电路的发展，计算机联锁系统性能价格比的优势将更大。

2）采取硬件和软件冗余技术后（如双机热备系统、三取二表决系统等），系统的安全性和可靠性将得到提高。

3）联锁功能更加完善，便于增加进路储存、自动选路等新功能，克服了 6502 电气集中联锁难以解决的问题。

4）减少了系统设计、施工、维护及改造的工作量，易于实现系统自身化管理；利用自诊断、自检测功能及远距离联网，易于实现远距离诊断。

5）人机界面灵活，显示内容丰富，信息量大，便于与其他系统联网，提供及交换各种信息，并协调工作，实现行车管理现代化。

作为行车安全控制的核心，计算机联锁系统应用大量电子元器件，系统中实现联锁运算的联锁计算机一旦出现硬件故障，影响面将会很大，甚至使系统不能工作。因此，必须在抗电磁干扰及防止雷击等方面采取防护措施，在系统设计方面进一步提高其可靠性和安全性。TYJL-Ⅱ型计算机联锁系统的结构如图 4-4 所示。

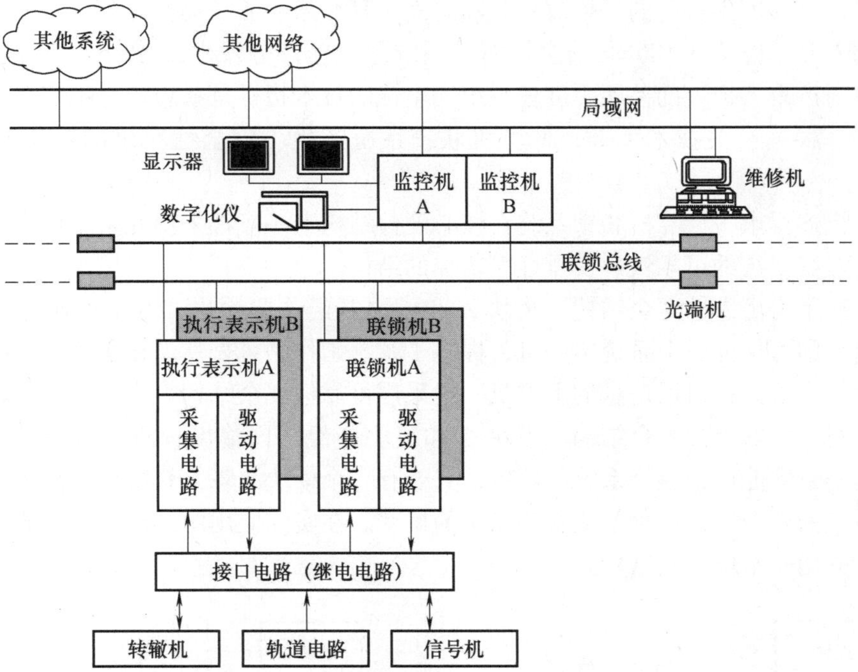

图 4-4　TYJL-Ⅱ型计算机联锁系统的结构

2. 联锁系统设备组成

（1）操纵显示设备　计算机联锁的操纵显示设备有多种形式，如数字化仪加显示器、鼠标加显示器及控制、表示合一的控制台等，其主要功能是供值班员办理各种行车命令，提供站场图形显示、语音和文字提示等。

（2）监控机　监控机的主要功能是作为人机接口，一方面接收来自控制台的操作命令和向控制台提供图像显示、语音及文字等信息；另一方面与联锁机进行信息交换，向联锁机提供初选的操作命令，并接收来自联锁机的道岔、信号及轨道电路等表示信息。除上述外，监控机还向其他系统，如电务维修机、调度监督系统等提供站场信息。

（3）联锁机　联锁机是计算机联锁系统的核心，它是根据现场信号设备状态和控制台操作命令，实现信号设备的联锁逻辑处理功能，完成进路确选和锁闭，发出转换道岔和开放信号等控制命令。

（4）执行表示机和输入/输出接口　表示机通过由继电电路构成的输入/输出接口，接收并执行来自联锁机的控制命令，采集并向联锁机发送现场设备信息。

（5）现场设备　道岔控制电路、信号机电路及轨道电路等仍采用现有的成熟电路。

（6）其他设备　除上述设备外，还包括与其他系统连接的网络、电务维修机等设备。其中电务维修机能够再现一月之内系统的操作信息和故障诊断信息等，为维修工作提供便利。

3. 冗余结构

由于计算机联锁系统不仅需要昼夜不停地连续运转，而且一旦出现故障就会对行车安全和效率产生不利影响，因此计算机联锁系统既要有比较高的可靠性，又要有比较高的安全性。

可靠性指系统在规定时间内、在规定条件下完成规定功能的能力。度量可靠性的定量标准是可靠度，可靠度用自身的平均故障间隔时间 MTBF 来表征。根据有关技术标准，计算机联锁系统的 MTBF 应达到 106h。安全性指当系统的任何部分发生故障时，其后果不会导致人身伤亡或财产重大损失的性能。度量系统安全性的技术指标是系统产生不安全性输出的平均间隔时间。根据有关技术标准，计算机联锁系统产生不安全性输出的平均间隔时间为 1011h 以上。

为达到上述要求，计算机联锁系统在核心硬件结构上一般都采用冗余结构。所谓冗余结构是指为了提高系统的可靠性、安全性而增加的结构。

图 4-5 所示为可靠性冗余结构。模块 A 和模块 B 经或门输出，两个模块只要有一个模块正常输出，即可保证整个系统不停机，提高了系统工作的可靠性。在实际应用中，对安全性要求不高、处理人机对话信息的上位机一般采用可靠性冗余结构。

图 4-6 所示为安全性冗余结构。模块 A 和模块 B 经与门输出，两个模块同步工作，只有两个输出一致才能保证整个系统不停机；只要有一个模块故障，系统将不能正常输出。这样提高了系统的安全性，减少了危险侧输出的概率。在实际应用中，对安全性要求较高的联锁控制机常采用安全性冗余结构。

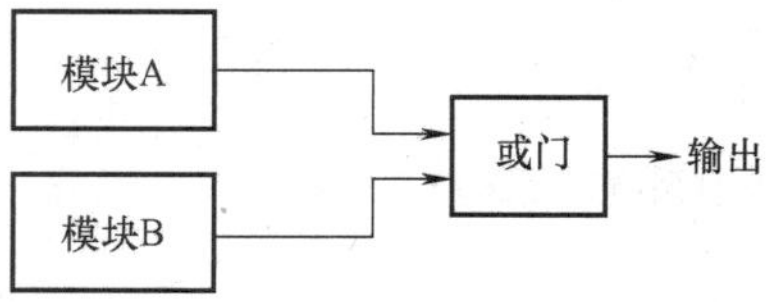

图 4-5　可靠性冗余结构

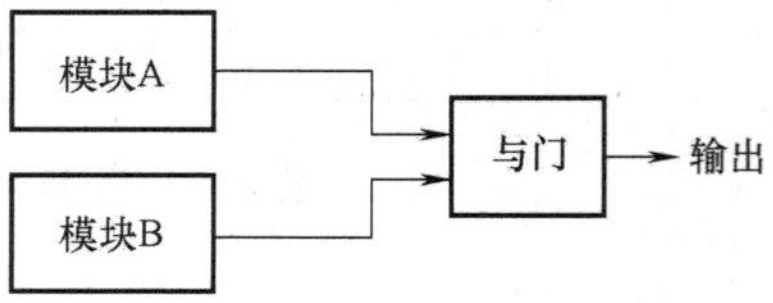

图 4-6　安全性冗余结构

目前，为了提高可靠性和安全性，计算机联锁主要采用双机热备系统、三取二系统及二乘二取二系统，来达到上述指标要求。

1. 双机热备系统

这种方式是冗余系统的基本结构，采用双套相互独立、结构相同、指令或周期同步工作及编程相同的系统同时工作，双机互为热备，相互监测，通过比较器确定系统正常工作后，才能输出控制指令。当一套系统发现自身出现故障时，就给出控制信号，自动切换到另一套系统上，并给出故障报警和提示。双机热备系统在工作时有如下几种工作模式：

1）一个系统工作，另一系统热备，两系统都无故障。

2）一个系统工作，另一系统待修，系统可以完成规定功能。

3）两个系统都故障，系统失效。

采用双机热备系统提高可靠性、安全性的基础是：在极短的时间内，两台计算机同时发生错误，而且错误呈现同一模式的概率极低。

2. 二乘二取二系统

为了使计算机联锁系统既具有可靠性又具有安全性，可采用二乘二取二系统的多重冗余结构，如图 4-7 所示。二乘二取二系统采用了四台计算机，一般分为系统Ⅰ、系统Ⅱ，双系互为热备关系。二乘二取二系统通过“单系保证安全，双系提高可靠性”来确保整体系统的安全性和可靠性。双系中的每一单系均包括双套计算机，实时校核工作，每一单系中必须双机工作一致才能对外输出，实现整体系统的安全性；任一单系检出故障均可立即导向备系工作，实现全部系统的可靠性。二乘二取二系统联锁机应用软件和操作系统进行松散耦合，并且系统具有完备的自检功能，保证了整体系统具有较高的安全性。

3. 三取二系统

三取二系统又称为三机表决系统，如图 4-8 所示。三台计算机同时工作，三取二系统中的 CPU 之间是通过两两相互比较来保证整体系统的安全性。当有两个结果相同（包括三个结果相同）时，认为正确无误方可输出；当某一个 CPU 故障或运行产生差错时，该 CPU 将被屏蔽，另外两个 CPU 相当于组成一个二取二的系统，不需要切换，在没有降低系统安全性的前提下，保证了整体系统的高可靠性。

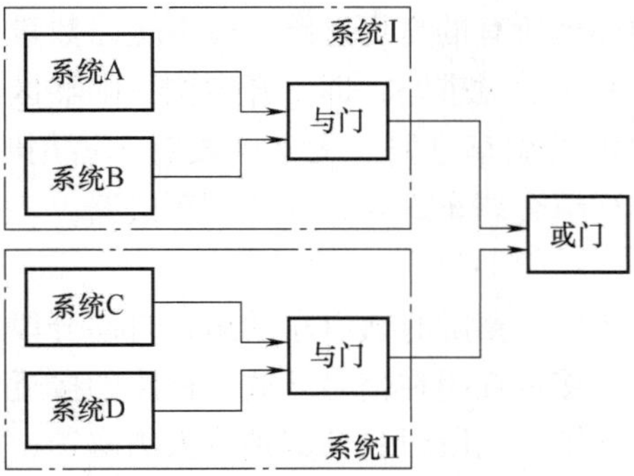

图 4-7　二乘二取二系统结构

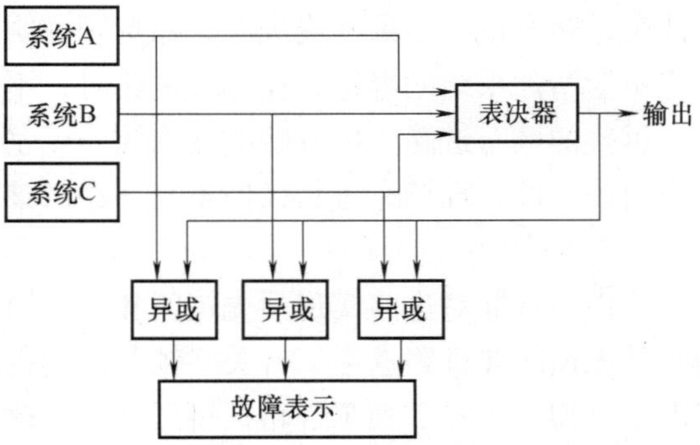

图 4-8　三取二系统结构

除硬件冗余，在系统内还可采用软件冗余技术，如双套软件冗余、信息冗余等，进一步提高系统安全性和可靠性。

4.2.3　车辆段控制子系统的功能

联锁设备是有轨电车交通的重要信号设备，用于完成建立进路、转换道岔、开放信号及解锁进路等作业，实现道岔、信号、进路之间的联锁关系，以保证行车安全，提高作业效率。车辆段的联锁设备早期多采用继电集中联锁，目前多采用计算机联锁。

进路是有轨电车和调车机车车辆在车辆段内所经过的经路，从一架信号机开始，至同方向次一架信号机为止。按照道岔的不同开通方向可以构成不同的进路，每条进路由相应的信号机防护，有轨电车或调车机车车辆必须依据信号的开放进入或通过进路。办理进路就是将有关道岔转换到进路要求的位置后锁闭，并开放防护进路的信号。但是有些进路如果同时建立，会发生有轨电车或调车机车冲突的危险，形成的进路互为敌对进路。应防护敌对进路的发生。

在联锁设备中，防护进路的信号机显示允许灯光时，表示进路已经准备好，允许有轨电车进入。防护进路的信号开放应满足以下几项技术条件：进路上各区段空闲时才能开放信号；进路上有关道岔在规定位置时才能开放信号；敌对信号未关闭时，防护进路的信号机不能开放。

车辆段联锁设备采用集中控制模式，由车辆段调度员设置有轨电车进路。联锁设备确保有轨电车运行进路的安全。轨旁设备控制电路的设计应符合“故障-安全”原则。联锁设备在规定的联锁条件和规定的时序下对进路、信号和道岔实行控制，确保进路上轨道区段、道岔、信号机（进路表示器）之间的安全联锁。对于涉及安全的操作，应采取安全保证措施；对于来自操作设备的错误操作，应具备有效的防护能力。联锁设备的主要功能为：进路建立；进路锁闭；进路解锁和取消；信号机（进路表示器）关闭及重复开放信号；信号机控制；道岔控制；列车位置占用检测；对所有的进路进行侧冲防护等。

1. 进路建立

根据操作的先后顺序确定进路的始端和终端后，只能自动地选出一条基本进路；依次确定进路的始端、变更点和终端后，只能选出相应的变更进路。一条基本进路可以有多条变更进路；根据操作的先后顺序确定进路的始端和终端后，只能自动地选出一条含几条基本进路的长调车进路。依次确定进路的始端、变更点和终端后，能选出相应的变更进路。一条基本长调车进路可以有多条变更进路；除特别说明外，能办理所有的变更进路。变更进路数量的变化不会增加系统的容量；在办理进路时，不会同时开通敌对进路，即不开通同一咽喉区内对向重叠的调车进路，以及咽喉区内同一无岔区段对向的调车进路。无岔区段有车占用时，允许向该区段办理调车进路，但不允许经由该区段排列组合调车进路，即长调车进路。

2. 进路锁闭

联锁设备能对进路实现预先锁闭和接近锁闭，锁闭的进路随有轨电车的运行自动分段解锁。预先锁闭在进路选通、有关联锁条件具备时构成；接近锁闭在信号开放、进路的接近区段占用时构成。对于列车进路，接近锁闭需持续到进路第一区段时自动解锁或人为解锁；接近区段未设轨道空闲检查设备时，接近锁闭区段于信号开放后立即构成。通过操作，能办理引导进路锁闭和引导总锁闭。引导进路锁闭必须检查道岔位置是否正确，并锁闭进路中的道岔；敌对信号时不得开放。引导总锁闭必须锁闭咽喉区的全部道岔，包括到发线上的分歧道岔；

3. 进路解锁和取消

任何操作均不能使占用的区段解锁，任何操作不能使有轨电车、调车机车运行前方的区段解锁。进路正常解锁必须在信号关闭后进行，能随着有轨电车的正常运行，使各轨道区段分段地自动解锁。办理取消进路时，若有轨电车接近，进路保持在接近锁闭状态，在能保证安全的前提下，联锁设备才能解锁有轨电车进路；若进路未处于接近锁闭，办理取消进路后，进路在信号机关闭后立即解锁；取消发车进路时，到发线上的分歧道岔与发车进路同时解锁。系统为防止进路的错误解锁，采用延时解锁和限时解锁来确保行车安全。进路处于接近锁闭，需要解锁时，需办理人工限时解锁；接车进路及有通过有轨电车的发车进路，在信号关闭后限时 3min 解锁；其他发车进路及调车进路，限时 30s 解锁。限时解锁指通过安全相关操作，联锁设备提供进路的人工强行解锁功能。

4. 信号机控制

信号机（进路表示器）关闭后，未经再次办理，不会重复开放。信号机原则上统一设置于列车运行方向的右侧，信号机的尺寸应满足限界要求；在车辆段出入口处设进段信号机（进路表示器），由车辆段控制；在出段处设提示牌。在车辆段内，调车采用双显示信号机（进路表示器），显示原则暂定如下：白色信号灯，准许车辆越过该信号机（进路表示器）；蓝色信号灯，不准整体车辆越过该信号机（进路表示器）；以显示禁止越过为定位（蓝色）。出入段采用二显示信号机（进路表示器），显示原则暂定如下：白色信号灯，准许整体车辆按规定速度行驶进段（出入段）；红色信号灯，不准整体车辆越过该信号机（进路表示器）；以显示禁止越过为定位（红色）。车辆段和正线联锁接口应满足以下要求：在车辆段出/入段线进入本线正线处，设进入防护信号机（进路表示器），该信号机（进路表示器）定位显示红灯。当以地面信号为主体信号时，地面信号机（进路表示器）的显示距离应满足 GB/T 12758—2004《城市轨道交通信号系统通用技术条件》关于地面信号显示的有关规定。信号机（进路表示器）的开放将检查禁止通过 LED 显示状态的完好性，具有对信号机（进路表示器）LED 显示状态的监督功能（包括显示损坏报警和短路检查），信号机（进路表示器）开放后能不间断地检查 LED 的良好状态。不允许信号出现乱显示，即不符合规定的信号显示；在组合灯光开放和关闭时，应做到同时点灯或灭灯。组合灯光的显示间隔一个灯位。

5. 道岔控制

联锁道岔能人工单独操纵，也能随进路的排列而自动选动，单独操纵优先于进路选动。联锁设备能对道岔实现进路锁闭、区段锁闭和人工单独锁闭。车辆段的每一组道岔均采用单独控制方式，其主要功能如下：当以进路控制方式操纵道岔时，进路上的道岔顺序选出，动作电流错开启动峰值。联锁道岔受进路锁闭、区段锁闭、人工单独锁闭或其他锁闭方式控制，一经锁闭，道岔就不能启动；一经启动，道岔就能转换到规定的位置。当因故被阻，在规定时间（如 15s）内道岔不能转换到规定位置时，联锁控制台和中心调度员工作站均有故障报警，道岔经操纵后就能转换到规定的位置。转辙机作为锁闭装置，当尖轨和基本轨不密贴时，不进行锁闭；一旦锁闭，将保证不致因车通过道岔时的振动而错误解锁。道岔转换完毕后，自动切断道岔动作电源。转辙机的电动机电路发生故障时，自动切断道岔启动电路。道岔设有位置表示并保证：只有当道岔实际位置与操作要求一致，并经检查自动开闭器的接点排的相应接点位置正确，才能构成道岔位置的正确表示；只有当道岔牵引点在规定位置时，才能构成位置表示；启动道岔时先切断位置表示；发生挤岔时有挤岔表示；人工单独锁闭时，不影响道岔的位置表示。

6. 位置占用检测

车辆段采用计轴器作为有轨电车位置占用的检测设备。车场线、试车线均设有计轴器。计轴器成熟可靠，具有有轨电车、城市轨道交通线路或相关应用的良好运行业绩。计轴器具备如下特点：系统采用二取二安全结构；传感器信号采用电流形式输出，抗干扰能力强；计轴点采用双传感器设计，提高了系统的安全性和可用性；计轴系统的通信电缆和信号电缆均采用普通信号电缆；系统符合故障-安全原则；安全可靠、成熟的泵电源驱动继电器输出轨道状态；易于维护，方便使用；板卡式设计，结构简单，通用性强；无软件维护，所用站场配置通过硬件实现；系统整体具有高安全性、高可靠性及高可用性。计轴主机与车辆段控制子系统采用继电方式接口，每个计轴检测区段设有一个轨道继电器，当区段占用或设备故障时，轨道继电器均落下；当区段空闲时，轨道继电器均吸起；在信号设备室内设置“轨道区段复位”功能，并采取限制复位方式。计轴器具有预复位和直接复位功能，当计轴区段出现故障时，可通过在联锁人机界面上进行预复位操作，在现场刷轴后实现故障区段复位；也可人工确认后，采取按压计轴复位按钮直接进行复位。轨道继电器采用安全型继电器，确保安全、可靠地实现辅助列车位置检测，提供列车的位置条件。当计轴器故障或计轴数据传输发生错误时，有安全和切实可行的故障恢复措施，或通过安全操作予以恢复，使计轴器的故障不影响整个信号系统的正常运行；计轴器有冗余、容错机制，对漏轴、扰轴等情况有相应的防护措施。

4.2.4 车辆段控制子系统的技术方案

车辆段联锁设备采用双按钮操纵方式，办理进路、取消和人工解锁进路，以及单独操作道岔，都要按压两个按钮才能起动设备，这样可以防止由于误操作按钮而造成信号设备的错误动作。

1. 进路锁闭

进路锁闭指进路排通、防护进路的信号开放后，进路上有关道岔不能转换，有关敌对信号不能开放。控制台上办理好进路后，从防护进路的信号开始至进路的终端显示白光带，称为该进路处于锁闭状态。进路的接近区段一般指信号机外方的第一轨道电路区段。进路排通、防护进路的信号开放后，接近区段空闲时的进路锁闭又称为进路的预先锁闭，接近区段有车占用时的进路锁闭又称为进路的接近锁闭。进路的锁闭程度不同，人工办理进路解锁时采用的方式也不同。

2. 信号的开放

在控制台上操纵按钮办理进路后，满足下列条件的信号即可自动开放：

1）进路空闲。

2）有关道岔转换至规定位置。

3）敌对进路未建立。

4）进路处于锁闭状态。

信号机应设灯丝监督装置，不间断地检查正在点亮的灯泡灯丝的完整性。信号点灯电路应具有主、副灯丝自动转换功能，主灯丝断丝后能自动转换至副灯丝继续点亮灯光。室内控制台上设有相应的灯光和声音报警装置。

3. 信号的关闭

已经开放的信号，在下列情况应能自动关闭：

1）当列车进入该信号机内方第一个轨道区段时。

2）当调车机车车辆全部越过开放的调车信号，即出清调车进路接近区段。

3）当信号显示与防护进路的条件不符合时（如进路上轨道电路故障、道岔位置改变或信号灯丝断丝等）。

4）办理取消或人工解锁进路时。

4. 进路的自动解锁

进路的自动解锁指进路锁闭信号开放后，随着有轨电车越过信号机进入进路，或者调车机车车辆的牵出、折返，进路上有关轨道区段自动解锁，控制台上相应轨道区段的白光带自动熄灭。

根据电路动作的特点不同，进路的自动解锁包括两种情况：

1）正常解锁，也称为逐段解锁，即列车或调车机车车辆顺序占用和出清进路的各轨道区段后，进路上的轨道区段自动顺序解锁。

2）调车中途返回解锁。在调车过程中，调车机车车辆未压上或部分压上的轨道区段，能够随着调车机车车辆的折返而自动解锁。

5. 解锁进路及解锁轨道区段

人工办理解锁进路指进路建立后，不经有轨电车或调车机车车辆运行，经人为操作将进路解锁。

1）当进路处于预先锁闭时，办理取消解锁，可将进路解锁。

2）当进路处于接近锁闭时，需办理人工解锁，才能将进路解锁。当进路处于接近锁闭需办理人工解锁进路时，进路需经过 3min 或 30s 的延时才能解锁。设置延时解锁是为了防止解锁原有进路改办其他进路时，处于接近区段的有轨电车或调车机车车辆可能由于停车不及时，冒进信号而压上正在转换的道岔。延时能够确保有轨电车或调车机车车辆有足够的停车时间。

3）当发生车站停电后恢复供电，以及进路没有完全解锁等情况时，控制台上全部或部分轨道区段显示白光带，此时有关区段均处于锁闭状态，须办理区段人工解锁手续，才能将有关轨道区段解锁。

6. 道岔的锁闭

除进路锁闭外，联锁道岔还有以下锁闭方式：

1）区段锁闭。道岔区段有车占用时，区段内有关道岔不能转换，称为区段锁闭。此时控制台上有关道岔区段显示红光带。

2）单独锁闭。即利用控制台上道岔按钮断开道岔控制电路，使该道岔不能转换。对道岔进行单独锁闭后，控制台上该道岔表示灯显示红色。

3）故障锁闭。即在故障情况下道岔区段被锁闭，此时控制台上有关道岔区段显示白光带。例如，列车经过进路后，由于分路不良使部分轨道区段不能解锁，控制台遗留有白光带。

联锁道岔受到上述任一种锁闭时，应保证机车车辆通过道岔时道岔不能起动。

上述锁闭方式均属于对道岔进行电气锁闭，即通过断开转辙机的控制电路，使转辙机不能转换。除上述锁闭方式外，当设备故障时，为保证行车安全，使用钩锁器对道岔进行现场加锁，以及钉固道岔等都是车务部门常用的锁闭道岔方式。

4.3 正线地面信号子系统

4.3.1 正线地面信号子系统的定位

正线地面信号子系统是现代信号系统结构中的子系统，主要包括正线道岔控制子系统和平交道口信号控制子系统。正线道岔控制子系统对正线道岔进行安全控制，实现道岔区段内道岔、进路表示器、轨道区段之间正确的联锁关系及进路控制的安全。对于涉及安全的操作采取安全保证措施，对于来自操作设备的错误操作，具备有效的防护能力。为了提高子系统的安全性，各轨旁设备的控制电路均按照故障-安全原则设计。

有轨电车属于地面快速公交，与社会车辆共同行驶在道路上，虽然系统运行享有专用路权，但与其他车道之间存在着平面交叉，有轨电车在通过平交道口时也要受路口信号的控制：红灯停，绿灯行。为充分发挥有轨电车快捷、高运量的优点，需设置平交道口信号控制子系统。该子系统能够灵活实现有轨电车与社会车辆交叉口的信号优先控制，并与交管部门共同完成道口信号系统的功能扩充，实现各种交通安全、有序、高效运行。

4.3.2 正线地面信号子系统的组成

典型的有轨电车信号系统是一个功能定位于正线道岔控制和电车调度的简易信号系统，由正线信号系统和车辆基地信号系统组成。正线信号控制包括正线道岔控制和平交道口信号控制。

1. 正线道岔控制

现代有轨电车运营调度是运营管理、行车指挥、监督及报警管理的运营统计的总称。运营管理，即控制中心根据运营要求制定运营计划、编辑时刻表，并将当日运行计划时刻表下载至车辆基地终端，车辆基地根据时刻表组织有轨电车的运营。行车指挥，即系统通过现代有轨电车定位系统接收所有在线有轨电车的位置信息，经处理后将有轨电车所在位置动态显示在综合显示屏及调度员工作站，调度员根据当日运行时刻表对在线有轨电车进行行车指挥、监督及报警管理。系统内的主要设备具有自诊断功能，一旦检测到设备故障，该故障信息即可在控制中心调度员终端给出相应报警信息；运营统计，根据运营计划和通过现代有轨电车定位系统采集的有轨电车位置、时间及车次号等信息，进行运营统计并生成相应报表。运营统计还应包括有轨电车管理及有轨电车修程统计。

正线道岔控制子系统总图如图 4-9 所示。

正线道岔控制子系统由道岔控制器和轨旁设备两部分组成。道岔控制器是整个道岔控制的核心部分，负责对转辙机的转动、进路信号显示、道岔锁闭、状态采集及通讯等进行运算、处理并控制。轨旁设备包括地埋式转辙机、轨道电路、车-地信息传输设备、信号机和进路控制盒等单元。轨道电路用于实现区段占用检测，为了防止社会车辆干扰，采用了专用轨道电路。转辙机实现对道岔的控制，为不影响城市景观，采用地埋式有轨电车专用转辙

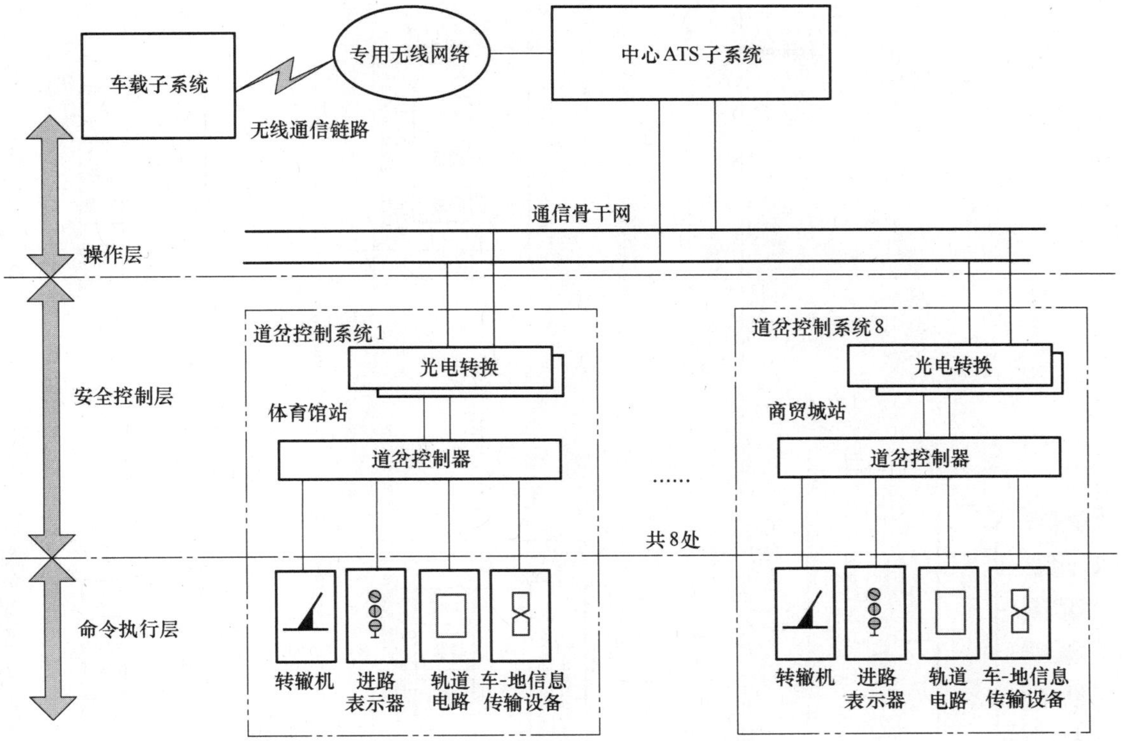

图 4-9　正线道岔控制子系统总图

机。信号机（进路表示器）用于向驾驶员指示地面区段状况和道岔状况，采用带有进路指示的信号机。进路控制盒作为进路表示器的一部分，其作用是在车载设备故障或进路办理错误的情况下，在安全操纵前提下，可通过操作进路控制盒重新办理进路；考虑安全因素，进路控制盒需要特定钥匙开启后方能操纵。车-地信息传输设备用于接收车载子系统发送的车次号、驾驶员操作指令等信息，并将该信息发送给道岔控制器，同时也将道岔控制器中进路相关信息及防止冒进信号发送给车载控制子系统。

2. 平交道口信号控制

平交道口信号控制子系统主要由平交道口信号控制器、车-地信息传输线圈、有轨电车专用信号机、平交道口信号控制机柜以及防雷设备组成。一个高效的、安全的平交道口信号控制子系统，对于在不影响道路车辆运行的前提下，提升有轨电车的运能、保障交通安全方面至关重要。平交道口信号控制子系统的构成示例如图 4-10 所示。

整个系统采用三层结构，分别为道路交通信号控制层、有轨电车信号优先控制层和控制中心管理层。

控制中心管理层包含在调度指挥中心子系统内，主要实现对各平交道口信号控制子系统设备和运行情况的实时监控，包括控制器状态、设备状态、有轨电车的定位及控制模式的转换等等。

有轨电车信号优先控制层包括平交道口信号控制器、预告接近检测器、接近检测器、通过检测器、出清检测器、预告进路表示器、通过进路表示器及与道路交通信号控制层的相应接口，信号优先控制层主要实现有轨电车接近道口的检测、信号优先控制请求的传递、道路交通信号状态的检测、通过进路表示器以及预告进路表示器的控制。

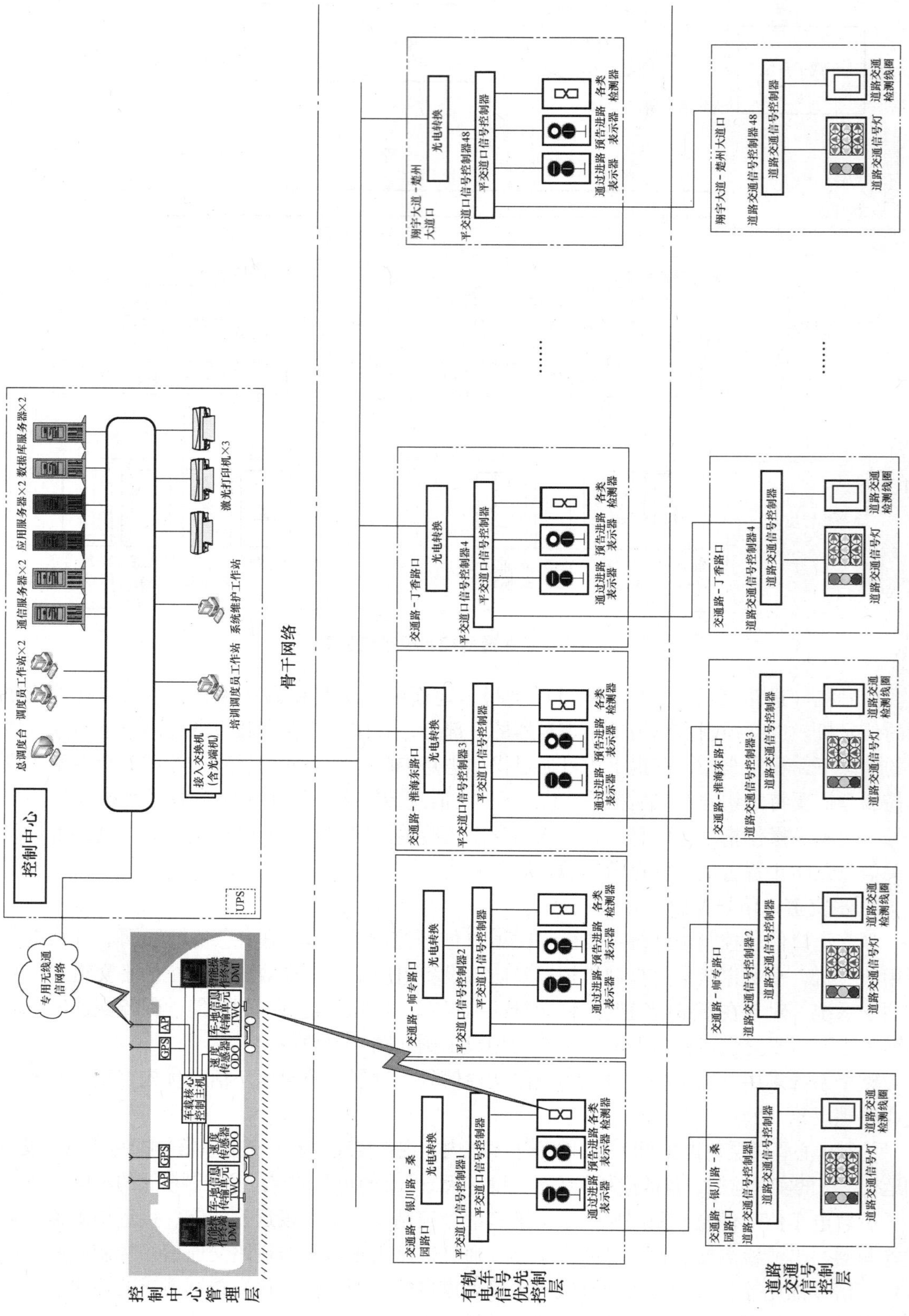

图 4-10　平交道口信号控制子系统的构成示例

有轨电车的检测采用有轨电车专用的车-地通信设备，与车载子系统配合实现信号优先控制功能。社会车辆的检测可采用感应线圈车辆检测器。

为了安全起见，每个交叉口安装有有轨电车专用的进路表示器及预告进路表示器，由有轨电车信号优先控制器控制，有轨电车必须按专用进路表示器指示通行。这两个信号仅在有轨电车到达或接近平交道口时才有可能被点亮，其他大部分时间内均为灭灯状态。

社会车辆的信号灯建议采用箭头灯形式，这是因为按照我国的道路交通法，圆盘信号灯如果为红灯，允许右转车辆通行，此时有可能与有轨电车有冲突。因此，为了安全起见，同时提高有轨电车通过路口的速率，路口信号灯建议采用箭头灯形式。

4.3.3　正线地面信号子系统的功能

1. 正线道岔控制

道岔信号控制是保障城市有轨电车行车控制、行车安全和高效作业的重要控制设备。与地铁、轻轨等传统的轨道交通不同，现代有轨电车行进时主要依据地面交通信号（红绿灯），而车辆运行速度也由驾驶员自主掌控。道岔信号主要用于控制道岔，引导车辆前进方向。道岔主要设置在首、末站和正线的折返线上、正线与车辆段的出入联络线和车辆段内。

正线道岔分别在起点站折返渡线、终点站折返渡线和进出车辆段的岔线上。正线信号控制子系统主要是针对正线道岔区域设计的道岔控制系统设备以及在部分交叉口设置的交叉口信号控制系统（该系统需要与当地交通管理部门协商后确定）。有轨电车正线信号控制设备主要安装在有轨电车正线中间折返处和尽头折返处（设置道岔的区域）；在行车组织方案与当地交通管理部门协商确定后，可以选择在部分主、次相交路口和主、支相交路口设置交叉口信号控制系统，实现与市政道路信号之间的联锁。

2. 平交道口信号控制

根据对现代有轨电车信号控制方式的分析，得到有轨电车不同的信号控制方式的特点及使用范围。有轨电车属于地面快速公交，与社会车辆共同行驶在道路上。虽然系统运行可以享有专用路权，但与其他车道之间可能存在平面交叉，有轨电车在通过前方路口时也要受路口信号的控制，有可能会红灯停车。为充分发挥有轨电车快捷、高运量的优点，应该设置路口信号智能优先控制系统。当有轨电车进入预先设定的判定范围内时，车载设备结合车辆位置信息、车速和已知的交叉口位置信息等，计算出有轨电车预计到达交叉口的时刻，并通过系统软件以一定时间将“优先请求信号”发送至具有“信号优先判定模块”的路边设备，由后者根据当前信号灯相位，结合当时行车状况，延长或缩减相位，为有轨电车创造绿灯通行条件。

智能交叉口信号系统使用两个级别的优先通行：第一个级别是完全信号优先，第二个级别是在普通信号周期中为现代有轨电车提供重复出现的需求服务。现代有轨电车检测系统由四个检测线圈构成，其中三个部署在进口道，另一个部署在出口道。部署在进口道的三个检测器沿着行车方向从上游到下游依次是前置检测器、需求检测器和停车检测器，部署在出口道的检测器称为取消检测器。前置检测器检测到有轨电车后，控制交叉口信号灯的信号机采取相应的行动，为有轨电车的到达进行准备。这些准备活动可能是清除有轨电车前方进口道上的排队车辆，也可能是为另一个相位阶段放行更多的常规车辆，以免有轨电车到达后因有轨电车的信号冲突而在冲突流上积压过多的常规车辆。需求检测器检测到有轨电车后，发出立即进入有轨电车相位阶段的指示，或者发出有轨电车通过信号，以保证有轨电车享有优先通过权。有轨电车通过信号通常会在有轨电车到达停车线前7~8秒发出，这个时间是现代有轨电车刹车制动所需要的时间，此举是为了让有轨电车驾驶员确认前方通过信号是为有轨电车的。停车线检测器检测到有轨电车后，会结束有轨电车通过信号，同时将信号灯调整为全红时间。这样能保证有轨电车安全地通过交叉口，又能优化后续相位阶段的绿灯开启时间，减少不必要的等待。取消检测器检测到有轨电车后，电车相位终止，信号优先通行控制结束。

4.3.4 正线地面信号子系统的技术方案

1. 正线的道岔控制

道岔控制系统应满足对道岔进行控制的需求，实现道岔的转动、锁闭和解锁功能，如果需要可将道岔锁闭信息传输至联锁或行车指挥子系统。正线道岔控制方式可采用驾驶员遥控控制和联锁集中控制两种方案。

（1）驾驶员遥控控制　驾驶员遥控控制，即驾驶员驾驶有轨电车进入道岔控制区域后自动取得控制权，通过操作车载设备遥控道岔转动至需要的位置，道岔自动锁闭；车辆驶出道岔控制区域后，自动失去控制权，以保证不会因驾驶员误操作而造成道岔再次转动。在车辆取得控制权至车辆完全离开道岔区段期间，系统不授予其他车辆对道岔的控制权，并保证道岔锁闭，以保证运行安全。系统通过在地面安装电子标签的方式或其他有轨电车位置检测设备，划分道岔区轨道区段和道岔控制区域，以无线的方式实现车载和地面控制设备之间的信息交换。

（2）联锁集中控制　联锁集中控制，即当有轨电车接近道岔区域时，轨道占用检测设备检测出车辆位置，并将获得的有轨电车的信息发送至控制中心，控制中心根据有轨电车的信息自动办理相应进路（或人工办理进路），并将进路办理信息提供给相关设备集中站的联锁系统，由计算机联锁系统对道岔进行控制。在有道岔区域设置道岔控制箱或在相应车站设置应急控制盘，当控制中心设备或通道故障时转为现地控制。联锁集中控制方案需要正线增设联锁设备，相对增加了有轨电车系统的复杂度；同时，增设联锁设备后，相应地需要增加设备用房以及相关的环控、消防等配套设施，投资较高。

1）集中控制。当有轨电车接近道岔区域时，轨道占用检测设备检测出有轨电车位置，通过车-地双向通信设备获得有轨电车的运行信息，并发送至控制中心，控制中心根据有轨电车的信息，远程控制转撤机自动办理进路。

2）车载无线控制。驾驶员驾驶有轨电车进入道岔控制区域后，自动取得控制权，通过操作车载设备遥控道岔转动至需要的位置，道岔自动锁闭、信号开放；车辆驶出道岔控制区域后，自动失去控制权。

通过车载无线道岔控制系统，驾驶员可以在驾驶室通过车载按钮实现对当前具有控制权的道岔进行操作，使道岔位置满足行车需求。系统在对道岔控制时，通过微波识别获取道岔控制权，确保只有唯一车辆能够控制当前道岔，从而提高了行车安全。车载无线道岔控制系统采用了无线扩频通信、微波识别、嵌入式、计算机和软件控制等技术。系统在地面的岔前、岔后直股及岔后侧股旁安装有无源电子标签，将区段分为接近区段和道岔区段。地面控制设备不断向空中发出控制单元控制范围内的道岔信息。当有轨电车收到某一道岔控制单元发出的信号时，表示该有轨电车已经进入到该道岔的控制范围内，此时有轨电车打开车上的电子标签读取设备，进行标签读取。当读到某个道岔的接近区段标签时，车载控制设备马上向地面控制设备发出道岔控制请求，如果请求成功，表示该有轨电车能够对标签所对应的道岔进行操作，否则不能进行操作。有轨电车一旦申请到控制权后，道岔即被该有轨电车控制，其他有轨电车或地面装置将不能操作该道岔。当有轨电车运行至道岔区段标签时，有轨电车读出道岔区段标签，系统锁闭道岔，此时道岔不能被任何有轨电车操作。当有轨电车再次读到道岔区段标签时，道岔解锁，可以被具有控制权的有轨电车操作。有轨电车释放控制权后，其他车辆便可以申请该道岔的控制权。

3）弹簧控制。系统不对道岔进行控制，对于线路条件简单的现代有轨电车交通，由于道岔搬动次数较少，允许采用可挤的弹簧道岔。

借鉴于现有的现代有轨电车正线道岔控制模式，可以采用集中控制为主，驾驶员遥控为辅的道岔控制模式。即在正常情况下，道岔控制接受控制中心的监控，道岔区段的进路依据时刻表自动排列；当控制权限被下发到本地或特殊情况时，授权驾驶员可在有轨电车上遥控前方要通过的道岔。对于车辆段和停车场道岔的控制，可根据车辆段的规模和有轨电车出入基地的频度，确定车辆段和停车场道岔采用计算机连锁控制、驾驶人遥控、弹簧道岔等不同的控制方式，但一般车辆基地规模比较大，宜采用计算计联锁控制方式。

车辆段承担有轨电车的运行管理、车辆停放、日常维修和洗车工作。车辆段道岔控制及信号显示通常采用计算机联锁控制系统。该系统具有如下功能：满足车辆段停车、调车、试车或洗车等各种运输作业需要；具有对室内、室外联锁设备规定的监测功能和自我诊断能力；可与其他信息系统交换数据；在采取安全技术措施的基础上可储存进路；有安全可靠的冗余措施；硬件、软件的设计符合标准化、模块化和定型化要求。在正常情况下，道岔应随进路的排列自动选动。为错开启动电流峰值，道岔采用顺序启动方式。道岔的单独操纵优先于进路自动选动。在车辆段的控制中心设置控制台和彩色显示器，对计算机集中联锁系统进行控制和显示。显示器显示内容为：信号设备布置及站场模拟显示；主要操作显示；进车辆段、进库信号机的关闭状态以及列车和调车信号机的开放显示；道岔位置显示；有轨电车和调车进路的闭锁状态显示；试车线占用显示；其他必要的显示和报警。

由于有轨电车在车辆段/停车场的运行速度一般低于 20km/h，且多属于空车行驶，需认真研究其连锁设备功能、安全等级以及设备的冗余度。但是，安全准则，包括正线涉及行车的设备安全完整性等级，均不得无端降低。一般都采用计算机联锁。

2. 平交道口信号控制

本文介绍一种具有代表性的、简单的有轨电车道口检测方案。道口优先权系统包括的设备主要有：轨旁的道口优先权单元、信标（或环线），车载的 MMI、主机、信标（或环线）读取单元和信标天线，如图 4-11 所示。信标读取单元和天线采用符合标准的设备，设备均应达到一定的安全集成度水平。

1）每个道口均有 4 个位置检测信标：预告、到达、进口和出口。如果道口相互靠近，则出口检测信标（运行方向上的前一个道口）可以用作预告检测信标（运行方向上的后一个道口）。

2）车载信标读取单元读取信标，并将相应的接近、到达、进口和出口信息通过无线通信发送到道口优先权单元，道口优先权单元把此信息发送给交通灯控制器（由其他供应商

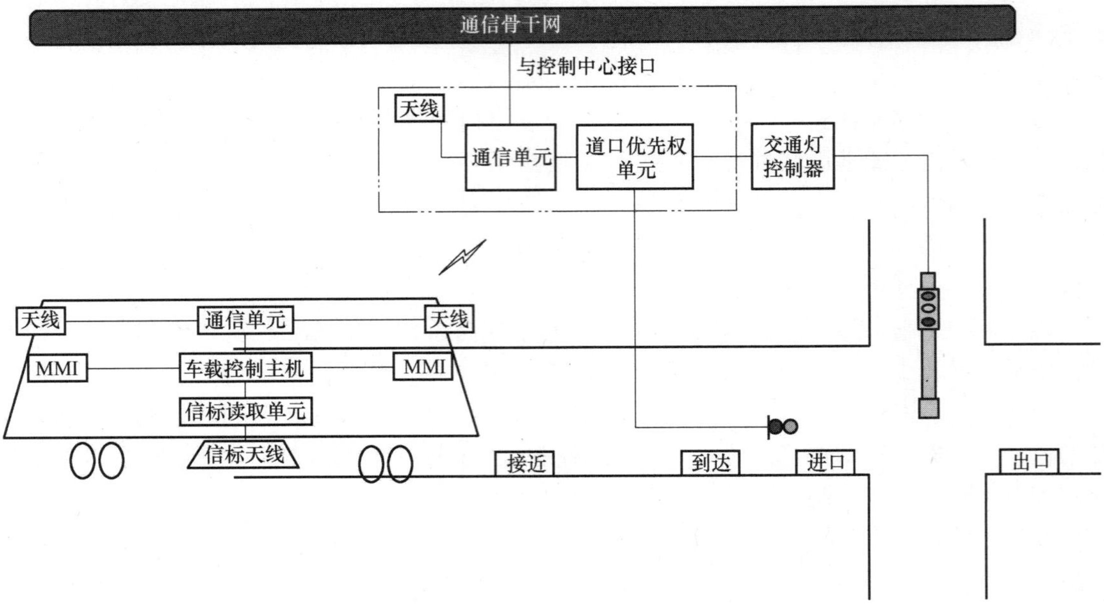

图 4-11　有轨电车道口优先权系统

提供）。交通灯控制器根据此信息将道路交通信号灯设置为红色。交通灯控制器负责执行交叉口优先控制。

3）交通灯控制器将道口的状态信息返回至道口优先权单元。如果平交的公路交通信号灯为红色，则道口优先权单元显示有轨电车信号机开放，允许有轨电车通行。当有轨电车进入道口时，道口优先权单元则令信号机显示红色，暂时不允许别的有轨电车进入道口。当道口优先权单元检测到有轨电车已经驶出道口时，则向交通灯控制器发送确认信息。

4）道口优先权单元还与控制中心接口，通过通信网络发送信号机状态、优先权状态和报警信息。

5）在靠近道口的站台，由于有轨电车需要首先停站，所以不需要预告信标以免过早呼叫道口。停站完成后，驾驶员通过车载 MMI 上的按钮，请求道口优先权。

6）按钮信息将会通过无线通信发送到道口优先权单元。如果从站台到道口的距离短，则不需要到达信标。

优先通行的内容是有轨电车面临的重大问题，后续章节会重点介绍。

4.4　车载控制子系统

4.4.1　车载控制子系统的定位

现代有轨电车采用类似于公交的驾驶员人工驾驶的方式，由驾驶员保证行车安全，因此有轨电车的车载控制子系统一般不具备列车超速防护（ATP）或列车自动驾驶（ATO）功能，但是为了配合正线道岔控制子系统、调度指挥中心子系统以及平交道口信号控制子系统的需要，车载控制子系统仍是信号系统中不可或缺的组成部分。车载控制子系统是运行控制系统在车辆上的延伸，主要负责有轨电车的状态获取和控制，它与车辆牵引、制动和导向等控制设备互相通信，并与地面控制系统配合，共同控制列车的速度和进行防护。车载控制子系统包括集成车载信息系统、信标读取系统以及制动系统。正常运行时，通过信标读取系统确定有轨电车的位置；当列车运行前方信号机为停车信号或出现故障时，启动制动系统，保证列车运行安全。集成车载信息系统可以自动发出道岔和信号机控制的请求，无须得到控制中心的指示。

4.4.2　车载控制子系统的组成

车载控制子系统由车载控制主机（控制单元）、车载终端、速度传感器、GPS/BD 卫星定位设备、车-地通信单元以及电源等设备构成。在有轨电车两端驾驶室设置驾驶员操作按钮，用于驾驶员遥控道岔及发送信号优先请求；在有轨电车换向后，仅激活端驾驶员操作按钮有效，非激活端操作按钮无效。车载设备分别在车头、车尾各设置一套车载控制主机，两套主机间通过网络连接，实现系统的双机备份。当一套车载设备发生故障时，另一套设备可实现快速切换，保证列车更安全、更高效地运营。车载控制子系统的结构如图 4-12 所示。

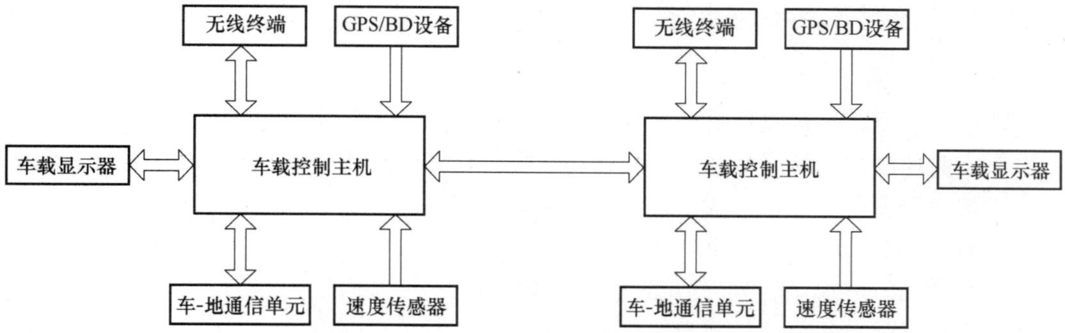

图 4-12　车载控制子系统的结构

1. 车载控制主机

车载控制主机（每车两套）配置唯一的有轨电车 ID。车载控制主机将处理过的速度传感器信息、卫星定位信息以及有轨电车 ID 一起形成报文，并通过专用无线通信系统发送给中心 ATS 子系统。车载控制主机接收中心 ATS 子系统通过专用无线通信系统发送的正点报文信息，并输出到车载显示器上。

2. 车载终端

车载终端设备包括车载无线数字通信设备、车载智能终端、车载多媒体终端以及信号优先系统在车上的终端设备，还包括用于收费的公共交通卡 POS 机等。

（1）车载智能终端　车载智能终端能准确确定车辆位置，从而实现对车辆的实时位置监控，为运营调度和应急处理（抢修和应急指挥调度）提供协助服务；同时通过对有轨电车行车间隔的控制，更好地保证有轨电车遵守行车计划，并向在车站候车的乘客提供实时的车辆时刻表信息等。车载智能终端包括车载主机、人机界面及配套线缆等。车载智能终端功能：以 GPS 为主要定位方式，在进入盲区时，能自动切换到辅助定位模块；以 GPRS 为通信平台，将实时采集到的数据（车辆定位、车辆营运、车辆违规、安全等）传送到控制中心服务器，同时接收控制中心服务器传送过来各种消息和指令，实现双向通信功能；支持语音和文字（LED或LCD）方式智能报站，兼备服务用语、违规提示、语音提示和电子站牌等功能；接收和显示来自系统平台的单项调度和集群调度指令信息；如果出现超速、滞站、非正常开关门、异常情况、路堵、事故、故障或纠纷等，实现信息即时报警。

（2）车载多媒体终端　车载多媒体终端在车内实现视频信息的发布：在每辆车上安装移动数字机顶盒，实现基于移动数字信号的接收和播放；实现移动数字机顶盒和媒体播放器之间的协调控制，即当切换到移动数字电视进行节目播放时，关闭媒体播放器，当切换到媒体播放器播放内容时，关闭移动数字电视节目的播放；移动数字电视的播放控制由GPS车载终端进行控制，在每辆车上安装3块17in的液晶屏，实现同步视频信息的播放。

3. 其他组成

卫星定位设备负责采集卫星定位信息。全线卫星定位设备的布置应满足车载设备在丢失某个定位信息时不对有轨电车运行造成影响；速度传感器用于有轨电车定位，且该方式为有轨电车的主要定位方式；车-地通信单元，用于有轨电车与地面道岔信号控制单元的短程无线通信。

4.4.3　车载控制子系统的功能

1. 有轨电车速度防护

有轨电车速度防护接收来自测速、定位装置的信息和来自地面的最高速度命令，一旦当有轨电车实时速度大于最高允许速度，该功能将启动紧急制动。有轨电车最高速度命令可直接来自于地面速度命令，也可根据地面命令自动生成：

1）通过地面信息得到前方的停车点或限速点。

2）车载设备根据列车当前的位置可以计算出前方停车点或限速点的实际距离，并以此点为基点，从车载设备存储的固定信息里，提取出这段距离的坡道值、弯道值、线路的最高限速，结合车载设备存储的列车性能参数（如制动率、空走时间、列车阻力等），利用公式计算出有轨电车当前位置到目标点的速度—距离监督曲线。

3）当存在多个目标点时，对每个目标点都要进行计算，采用速度限制最小的一个作为控制依据。

有轨电车的列车超速防护（ATP）系统是列车运行自动控制（ATC）系统的核心组成部分。ATP主要负责列车的安全运行，其主要功能为安全性停车点的防护、速度监控和超速防护、测速和测距及门控等。通常，有轨电车可采用基于数字化无绝缘轨道电路的列车超速防护（ATP）系统或点式ATP系统。

基于数字化无绝缘轨道电路的列车超速防护系统由控制中心、车载设备、轨旁设备和车站设备等组成，该系统采用连续式速度控制模式，使同一线路上运行的有轨电车能够以2min的最小追踪间隔安全运行；点式ATP系统主要由地面应答器、轨旁电子单元（LEU）、车载设备和列车占用检查（计轴器或轨道电路）设备组成，该系统在功能上能够满足非大运量城市轨道交通的需求，且建设成本低、施工简单，系统管理运行也较简单。

2. 车门监督

车门监督包含两层含义：①列车移动时，禁止打开车门。②在车站站台，只能打开站台一侧的车门。其主要功能是检测有轨电车即时速度值和车门状态。当有轨电车在移动时，如果检测到车门已打开，则车载设备应给出制动命令，输入输出子系统的允许开单侧门命令的硬件执行电路是故障导向安全的，即当电路发生故障时，能够保证输出禁止开门命令，并断开安全输出控制，从而切断输出电路的电源，保证安全。在监控模式下，当列车在站台停稳时，主机系统才能给出打开一侧车门的命令。在限速模式下，只要列车速度为零速，就可以打开车门。

3. 测速定位

有轨电车测速定位功能可以安全准确地确定有轨电车的相对位置和速度。其有轨电车定位与测速功能模块主要包括了有轨电车定位测试控制和安全定位测速。车载控制子系统可结合各道岔区的车-地双向通信设备及平交道口的路口检测设备（采用车-地双向通信设备）进行有轨电车定位数据校准，同时满足在丢失某个定位信息时不对有轨电车运行造成影响。

4. 辅助驾驶

车载控制子系统在车载显示器上显示速度、与前车距离、前方到站、当前时刻，前方到站正点时刻以及报警信息等内容，能帮助驾驶员更好地掌握行车状态。车载控制子系统能接收驾驶台操作按钮指令信息，根据指令信息类型，分别将指令信息发送给正线道岔控制子系统、调度指挥中心子系统或平交道口信号控制子系统，辅助驾驶员更好地完成驾驶。

5. 限速区段提示

车载控制子系统内置有线路数据库，包含固定限速、临时限速等数据，因此车载控制子系统具备平交道口、岔区及转弯等固定位置限速提醒功能。

6. 遥控道岔

车载控制子系统对道岔的控制是通过与正线道岔控制子系统的通信实现的。车载控制子系统与正线道岔控制子系统通过车-地信息传输系统交互进路号、车次号以及驾驶员遥控道岔请求等数据。车载控制子系统共有两种方式参与实现对道岔的控制，分别为自动模式和手动模式。在自动模式下，车载控制子系统发送进路号及车次号给正线道岔控制子系统，实现道岔自动控制；在手动模式下，车载控制子系统接收驾驶员在操作台的操作信息，发送驾驶员遥控道岔请求给道岔控制子系统，实现道岔手动控制。

7. 防冒进报警

道岔区防冒进报警功能是通过车载控制子系统与正线道岔控制器间的车-地双向专用通信来实现的。当道岔区防护信号显示为禁止通过信号时，正线道岔控制器通过地向车的车-地通信环线传输信号禁止信息，车载控制子系统据此提前给出声光报警，提示驾驶员防止冒进。通过道岔控制器对区段占用状态的检测，当出现冒进信号后，控制中心能收到道岔控制器的信息，实现报警功能。如图 4-13 所示。

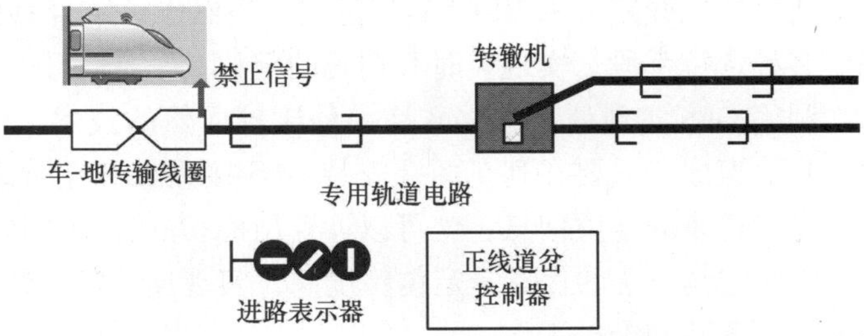

图 4-13　防冒进报警

4.4.4 车载控制子系统的技术方案

车载控制子系统采用预存车载线路数据的模式，通过预先将站点信息、距离信息、限速信息和须报警点位置等数据按照特定的格式，编制成车载线路数据文件，并将线路数据文件存储在车载主机中，车载主机可以方便地读取并解析线路数据。在有轨电车运行过程中，车载主机实时读取线路数据，并综合速度传感器和卫星定位设备获取的定位数据，从而实现列车定位及限速报警等功能。

车载控制子系统与调度指挥中心子系统的通信采用专用无线通信网络通信方式。每一套车载主机有唯一的标识符，当有轨电车开始运营时，主动发送到控制中心完成“注册”。控制中心根据注册的车载主机标识符发布调度指令，包括分配有轨电车识别号、更改有轨电车识别号等信息。车载主机实时采集行车数据，进行综合分析后发送给控制中心，辅助控制中心完成行车状态监视。车载主机将速度、位置及控制中心发送的正点时刻、与前车距离等信息通过车载显示器实时显示，实现辅助驾驶员驾驶的功能。

车载控制子系统与正线道岔控制子系统采用车-地信息传输系统完成车-地通信，实现对道岔的控制。道岔控制包括自动控制和人工控制两种模式。有轨电车在行驶过程中，车载主机持续地通过车载天线向外发送车次号、进路号等信息。当有轨电车处于地面通信设备上方时，车-地信息传输建立，道岔控制子系统根据接收的车次号、进路号信息自动控制道岔动作，完成道岔自动控制。当驾驶员需要手动控制道岔时，会通过驾驶台的操作按钮来实现。车载主机采集驾驶员操作按钮的信息，发送驾驶员遥控道岔请求，正线道岔控制子系统收到命令后，完成道岔的控制。

通过路口时，车载主机发送信号优先请求及有轨电车方向请求给平交道口信号控制子系统，实现自动路口优先控制功能。车载主机采集驾驶员操作按钮信息，发送信号优先请求及有轨电车方向请求给平交道口信号控制子系统，实现手动路口优先控制功能。

车-地通信系统是联系车载运行控制与调度指挥控制的纽带，主要负责有轨电车安全间隔划分、状态及命令信息的转发。

车载控制子系统的结构框图如图4-14所示。

1. 正线有轨电车定位技术

有轨电车的定位可以利用GPS/北斗卫星、无线、地面应答器、速度传感器、地面信息环路、计轴器以及铁路传统的轨道电路等多种方式来实现。线路电子地图可存储于控制中心数据库服务器；对于基本无遮挡物的线路，系统可利用卫星信号结合读取线路上的电子标签（RFID）来实现有轨电车的位置校准；对于遮挡物较多或隧道较长的线路，有轨电车车载设备可通过读取线路上的RFID实现定位。当然也可结合具体有轨电车运行线路的状况，综合利用多种定位手段，实现实时和精确的定位。

利用GPS实现列车定位已是一种比较成熟的技术。GPS由导航卫星、地面检测站和用户接收机组成。只要在列车两端安装GPS接收机和差分误差信息接收器，接收多颗导航定位卫星发送来的定位信息，就可以计算出确切的位置，从而通过导航卫星实现列车的精确定位。GPS定位方法的优点是定位精度高，实现连续定位，对于用户来说没有地面设备，节约了大量的安装和维护工作。

现代有轨电车采用的定位方式一般是通过GPS信号和电子标签校准有机结合而实现的。

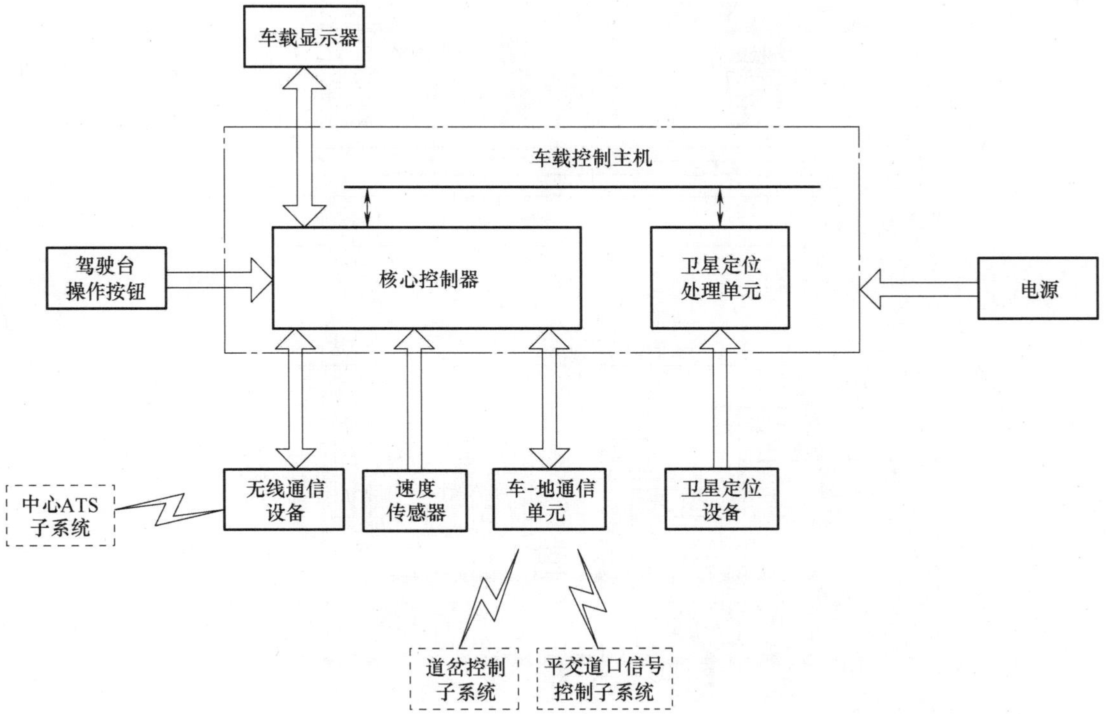

图 4-14　车载控制子系统的结构框图

1）线路电子地图可存储于控制中心数据库服务器。

2）对于基本无遮挡物的线路，系统可利用卫星信号结合读取线路上的 RFID 实现有轨电车的位置校准。

3）对于遮挡物较多或隧道较长线路，有轨电车车载设备可通过读取线路上的 RFID 实现定位。

实现有轨电车智能化运营，达到以人为本的设计理念，逐步实现有轨电车信息完全监控，是我国有轨电车系统运用和管理的发展趋势。现代智能化有轨电车具有较完整的信号系统结构。

2. 车-地信息传输

现代有轨电车信号系统车-地信息传输的结构如图 4-15 所示。

有轨电车信号系统中的车-地信息传输主要是通过车-地双向无线通信网络来实现的。车-地无线通信网络采用 4G 长期演进（LTE）技术，通过采用基于 LTE 技术的超大带宽传输平台，建立无线通信专用网络系统，可为车-地双向无线传输系统提供无线信息传输载体，实现车-地双向无线信息的传输；LTE 技术还可以为地面系统和车载系统的信息交互提供准确及时的传输服务。并且，利用完善的 IP 传输机制和多种服务质量（QoS）保证传输 QoS 目标，实现差异化服务、保证优先级最高的业务在网络出现堵塞时能够优先传输到达目的地，不会造成中断或数据丢失的现象。LTE 技术的应用将使车-地信息传输的通信信号技术趋于一体，最终使通信信号一体化的实现成为可能。

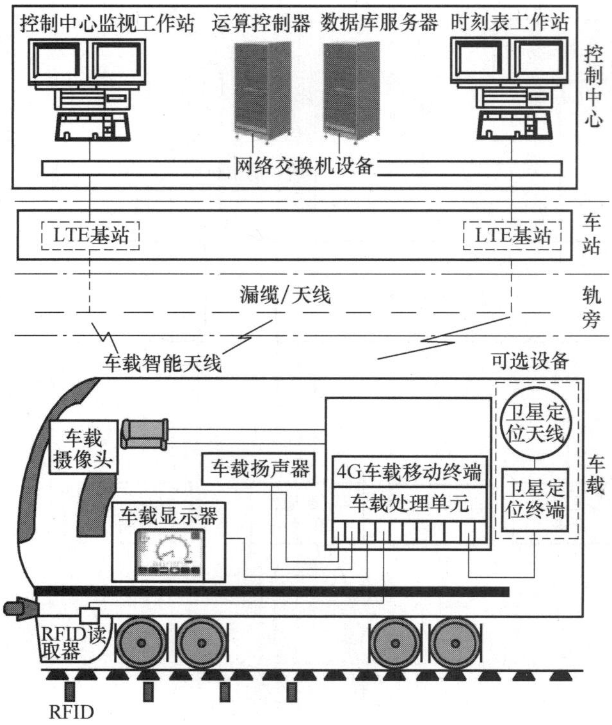

图 4-15 现代有轨电车信号系统车-地信息传输的结构

4.5 维护监测子系统

4.5.1 维护监测子系统的定位

维护监测子系统的主要功能：①在维修中心完成对整个运行控制系统所有设备的集中报警功能，对所有在线运行的运行控制设备进行维护管理和支持。②与各子系统接口，接收、统计和处理整个运行控制系统的故障报警信息，具备设备故障报警的统计功能。③完成车辆段内计算机联锁设备和基础信号设备监测报警信息的采集和统计，实现车辆段运行控制设备维护信息的上传。

4.5.2 维护监测子系统的组成

维护监测子系统的设备设置于车辆段信号设备机房，分别在设备机房和检修库信号维修工区各设置一套维护终端，如图 4-16 所示。

维护监测子系统主要包括以下设备：

1）维护终端，实现维护信息的集成处理（汇总、报告、显示及打印等），包括 2 台不小于 24 寸的液晶彩色显示器、A3 纸幅面的彩色激光网络打印机。

2）监测系统主机、监测模块。

3）维护监测数据信息存储设备。

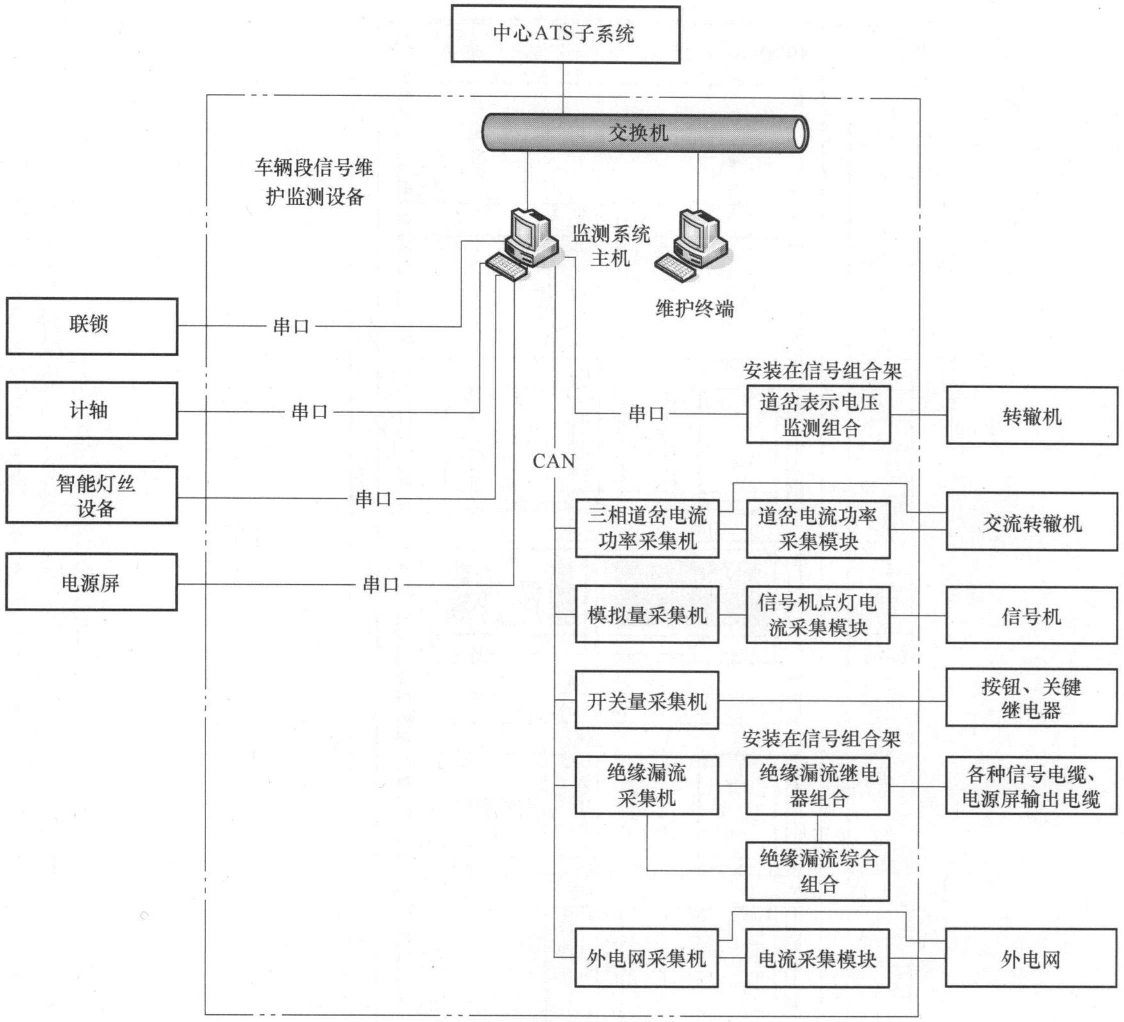

图 4-16　维护监测子系统的设备结构

4）网络设备。

5）与其他系统的接口设备。

维护监测设备通过采集机采集转辙机、信号机、电缆绝缘及电源屏输出对地漏泄电流等信号设备工作参数信息，采集按钮、继电器状态和报警信息等开关量信息，通过接口采集联锁、计轴、电源屏及智能灯丝的工作状态及报警信息。车辆段信号维护监测的主要设备安装在车辆段机柜内，部分设备安装于信号组合柜内。

机柜配置示意图如图 4-17 所示。

道岔表示电压采集组合、绝缘漏流继电器组合及保险端子组合安装在信号维护监测接口柜，每个车辆段需要 2 个信号维护监测接口柜，其设备配置如图 4-18 所示。

每套绝缘漏流继电器组合需要 21 个 JWXC-1700 继电器，每个车辆段如果组合 3 套绝缘漏流继电器，共需要 63 个 JWXC-1700 继电器。

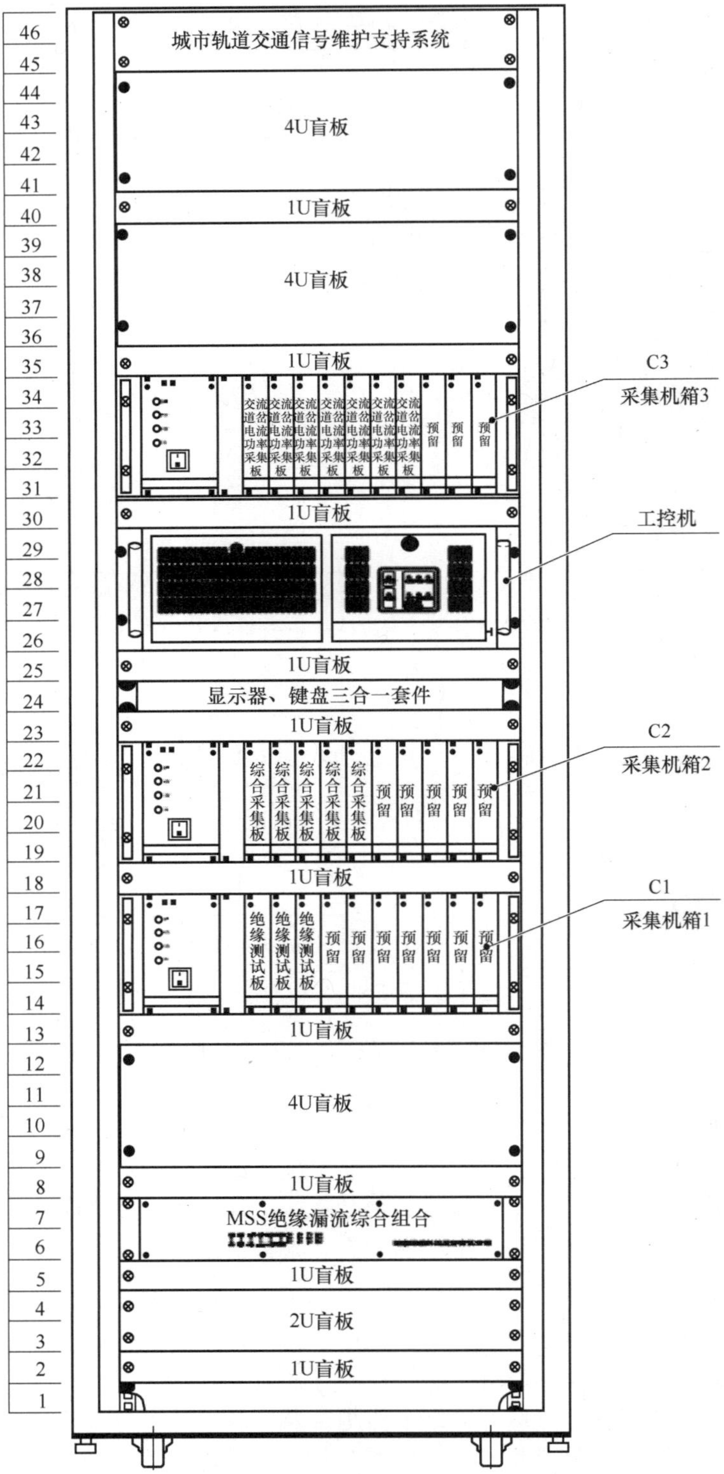

图 4-17　机柜配置示意图

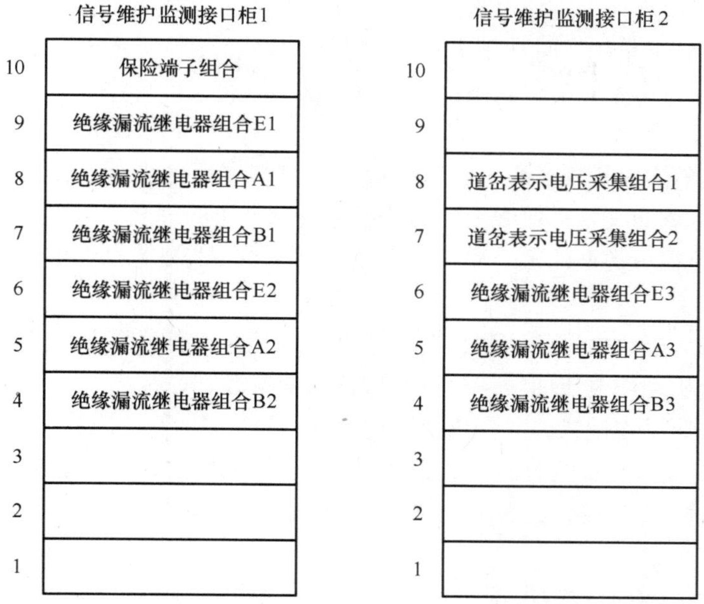

图 4-18　信号维护监测接口柜的设备配置

4.5.3　维护监测子系统的功能

正线信号系统、车辆段信号系统设备具备系统自身的自诊断和监测报警设备，将诊断和监测报警信息传送给中心 ATS 子系统及维护监测子系统，并在相应的工作站和维护终端上实现集中显示及报警。

车辆段、道岔区及平交道口等设备自身的自诊断和监测报警信息传送至车辆段维护监测子系统，从而完成对整个信号系统所有设备的集中在线监视和集中报警功能，并对所有在线运行的信号设备进行维护管理和支持。

1. 监测系统主机设备功能

监测系统主机作为维护监测子系统集中管理的设备，集中处理各种采集机采集的实时信息，并进行显示和存储；同时又为信号维护人员提供人机界面。根据对信号设备监测的结果，人机界面实现车辆段作业状态及设备运行状态的实时显示和各种数据的查询功能。

监测系统主机的应用软件是一个多任务系统，其功能是从采集分机中取得数据，同时完成数据的分类、逻辑分析处理、报警、数据统计、汇总、存储及回放等功能，并有站场和操作界面显示，可以查看所有采集数据。软件满足了信号人员操作和日常管理的要求，具有车辆段作业状态及信号设备质量状态的实时监测和各种数据的查询功能。

2. 数据采集及存储和显示

1）对计算机联锁 CPU 板、输入板、输出板及驱动板的监测和故障定位。要求正确反映各种插接板的工作状况。一旦出现故障，应给出故障点所在插接板及其在板中的位置。

2）站场的实时显示和运行回放，可以实时显示当前的站场信息。单击回放按钮可进入回放工作模式，指定回放开始时间，可以正常速度回放，也可加速、减速回放。

3）可以为信号维护人员提供友好的设备维护界面。与维护和维修设备相关的数据信息集中、组合显示于该界面，方便维护人员直观了解设备的工作状态和实时参数。

4）可以查看开关量的实时和历史状态。通过表格、图形的方式查看；可以根据用户定制的内容进行显示：多个开关量状态信息可以在同一表格、图形中显示，方便用户对开关量动作时序进行比较、分析。

5）所有采集的实时模拟量数据都可以通过实时测试表格、历史数据表格、日报表、实时曲线、日曲线、季曲线、月曲线及年趋势线进行全方位的表现。可以根据用户定制的内容进行显示：多种模拟量类型的多个模拟量信息可以在同一表格、图形中显示，方便用户对数据的比较、分析。

6）信号机点灯回路电流的监测，对信号机的灯丝进行实时监督、报警并记录。

7）显示转辙机动作电流曲线，分析转辙机动作参数。

8）控制台按钮操作记录，并提供历史记录查询。

9）关键设备动作次数及时间表，包括转辙机动作次数、破封按钮运用次数、区段占用次数、有轨电车/调车按钮运用次数及有轨电车/调车信号开放次数等，提供统计记录查询。

10）电缆绝缘和电源对地漏泄电流需要人工命令进行测试，提供用户测试入口。多种方式的电缆绝缘测试可供用户选择：全测、单测、自定义多路组合测，并可以查看测试报表记录和变化曲线。

11）开关量和模拟量滚动数据存储。可以根据硬盘空间的大小，自动调整数据存储时间。存储时间最小不少于 30 天。

3. 报警

A 类、B 类、C 类实时报警和预警：

（1）A 类报警　涉及行车安全的信息报警。报警方式：声光报警，人工确认后停止报警，并通过网络上传到相应的维护终端。

（2）B 类报警　影响行车或设备正常工作的信息报警。报警方式：声光报警，人工确认后停止报警，并通过网络上传到相应的维护终端。

（3）C 类报警　电气特性超限或其他报警。报警方式：红色显示报警，电气特性恢复正常后自动停报，并通过网络上传到相应的维护终端。

（4）预警　根据电气特性变化趋势、设备状态及运用趋势等进行逻辑判断并预警。报警方式：预警显示为蓝色。预警可通过网络上传到相应的终端。

4. 事件和操作日志管理

1）重要报警提供人工确认操作界面及记录。

2）对设备故障及报警进行汇总、统计并提供查询。

3）对系统运行事件、用户操作事件进行记录及提供历史查询。

4）对用户登录、修改配置及调度等权限进行管理。

5）系统具有自检功能。

6）系统实时显示 CAN 状态图、采集板状态图及各种接口通信状态图等。方便用户对系统进行维护。

7）在不涉及数据配置修改的情况下，可以自动监测最新版本的程序，自动进行软件升级。

8）自动进行时钟校核，保证系统时间的一致性。

5. 数据处理及控制

1）配置文件、历史数据可以方便地进行导入或导出。

2）回放文件可以方便地导出到可移动存储设备，并提供回放工具，方便用户回放、分析、处理，可以对存储的再现文件进行管理。

3）曲线和各类报表都可以进行打印。曲线可以导出为 bmp、jpg 等标准格式的图形文件。日报表、月报表、季报表及年报表可以导出为 Excel 等通用的文件，方便用户资料的采集及调阅。

4）通过对用户、密码等权限的管理，具有一定权限的用户可以对电气特性参数和报警上下限进行调整。

5）向上层网络（服务器、终端）传送各种实时数据，包括开关量、模拟量、报警、预警及各种状态和系统信息。接收并执行上层的命令，根据需要向上层网络传送相应数据。

4.5.4　维护监测子系统的技术方案

1. 与联锁接口

维护监测子系统在车辆段与联锁接口，使用信号维护监测与联锁通信协议和报文格式进行接口通信。

接口位置：在车辆段与联锁维修机接口，一般使用 RS422 接口方式。

接口内容：

1）信号机状态：灭灯、绿灯、红灯、黄灯、引导白灯、调车白灯及红闪等。

2）区段状态：占用、空闲及区段锁闭等。

3）道岔状态：位置（定位、反位、四开和挤岔状态）、锁闭、解锁、单操及单封等。

4）进路锁闭（方向）状态。

5）按钮：列车/调车按钮状态、铅封按钮状态及其他按钮状态。

6）报警信息：挤岔、灯丝断丝、排架熔丝报警及联锁系统报警等。

7）设备状态：联锁设备及板卡状态，联锁与其他系统通讯状态等。

2. 与计轴设备接口

维护监测子系统在车辆段与计轴设备接口，使用双方约定的通信协议和报文格式（建议计轴设备厂家提供协议）进行数据通信。

接口位置：在车辆段与计轴主机接口，一般使用 RS422 接口方式。

接口内容：各计轴检测点、工作板的工作状态的正常、故障表示，各轨道区段工作状态的正常、故障表示，各轨道区段的占用、空闲表示。

3. 与智能电源屏接口

维护监测子系统在车辆段与智能电源屏接口，使用双方约定的通信协议和报文格式（建议使用信号维护监测与智能电源屏通信协议）进行数据通信。

接口位置：在车辆段与电源屏主机接口，一般使用 RS485 接口方式。

接口内容：电源屏输入电压、电流，电源屏各路输出电压、电流、功率，电源屏各模块工作状态、报警信息等。

4. 与灯丝报警设备接口

维护监测子系统在车辆段与灯丝报警设备接口，使用双方约定的接口协议、报文格式（建议使用信号维护监测与灯丝报警仪通信协议）进行接口通信。

接口位置：在车辆段与灯丝报警主机接口，一般使用 RS485 接口方式。

接口内容：灯丝工作状态信息和灯丝报警信息等。

5. 与控制中心接口

控制中心采集的正线信号设备的状态、故障及报警信息，通过网络发送给维护诊断子系统。接口协议需要进一步协商确定。

接口位置：维护诊断子系统在车辆段的通信接口，可用 RJ45 网口，带宽 10M。

接口内容：控制中心采集的正线信号设备的状态、故障及报警信息。

第 2 篇

现代有轨电车信号优先控制

第 5 章 信号优先的研究背景

5.1 平交道口信号控制的必要性

新型有轨电车是未来城市轨道交通发展的重要方向。信号系统是有轨电车的重要组成部分，是轨道交通的安全保障，关系着每位乘客的生命安全；同时信号系统也是运营效率的保障，使得有轨电车在安全运行的前提下实现线路的最大运能。与其他交通工具相比，现代有轨电车是介于公共汽车和地铁之间的新型轨道交通方式。与地铁不同，现代有轨电车的运营组织受制于道路交叉口的信号配时，而路口交通信号的相位、周期和延误等设计指标直接影响电车的运营质量。欧洲国家的有轨电车运营时刻表与路口信号灯相互协调，有轨电车的信号优先，比公交车更有保证。在德国，有轨电车线路密集区域单独设有一套有轨电车信号灯，与路口车辆信号灯分立，两套系统相互协调，同时保证有轨电车的信号优先。考虑到我国交通发展现状，如何在多种交通形式参与的平交道口上进行合理的信号配时，从而保证现代有轨电车的正常运营，是一个重要的研究课题。

5.1.1 单一路口信号控制

作为城市交通网的重要组成部分，交叉口是道路通行能力的瓶颈和交通阻塞及事故的多发地。城市的交通拥堵，大部分是由于交叉口通行能力不足或没有充分利用造成的，导致车流中断、事故增多、延误严重等问题。在日本，大城市中的机动车在市中心的行车时间约有三分之一用于平面交叉口；而美国交通事故约有一半以上发生在交叉口。

有轨电车作为城市公共交通的一个重要组成部分，具有比地铁造价低、比公交汽车运输能力大等优点，但是由于其行驶路线多为城市干路且经常在城市道路之间穿行，因此有轨电车与城市平交道口的信号控制对有轨电车的运行安全和运行效率有着重要的影响。

1. 安全性

与在城市道路中占绝大多数的小型机动车相比，有轨电车体积较大且沿轨道行驶，因此存在不灵活、加减速较慢的特点；此外，作为公共交通工具，有轨电车运量较大时，乘客或站或立，急刹车容易对车内乘客的安全产生威胁。因此，有轨电车通过平交道口时，其安全性尤其需要重视。在有轨电车与城市道路的平交道口，交通流具有多样性，不同方向的交通流往往存在冲突点。例如，有轨电车右转方向与该条道路的直行车辆存在冲突。而且有轨电车与其他轨道交通方式不同，有轨电车经过的平交道口绝大多数都是无人值守的，这导致交通流更容易发生冲突，且一旦发生事故，现场清理缓慢，易引发二次事故。因此，有轨电车与城市道路的平交道口相比普通的路口更为复杂。其信号设置需要充分考虑到有轨电车、机动车及行人等各方的通行需求。

2. 通行效率

随着城市规模的不断扩大，私家车数量呈现爆发式增长，导致早晚高峰的交通拥堵。在此情况下，各大中城市开始大力倡导公共交通，利用公共交通的运力缓解巨大的出行需求。有轨电车作为公共交通的重要一环，其运载效率对分担出行需求有很大影响，因此提高有轨电车的运行效率至关重要。有轨电车设计的最大运行速度通常为 60 ~ 80km/h；而实际运行时，有轨电车的全程平均速度往往只有 20 ~ 30km/h，其中交叉口停车等待和站台停车是导致有轨电车平均速度过低的重要原因。所以要提高有轨电车的运行效率，减少有轨电车在平交道口的等待时间、提高其通行效率是简单有效的方法。通过合理设置有轨电车与城市平交道口的信号控制策略，可以有效减少有轨电车在平交道口的等待时间，从而提高有轨电车的运行效率。

5.1.2　多路口联网联控

多交叉口信号控制是将主干道上或者一个区域内多个交叉口进行协调控制，以使整条主干道或者整个区域内的交通状态得到最优化。相对于单一路口信号控制来说，多交叉口的信号控制需要按顺序决定每一个信号灯相对于其他信号灯的相位差。只有合适的相位差才能使得通过多个交叉口的交通流保持最大限度的畅通。

由于有轨电车需要铺设相应轨道和供电设施，有轨电车与普通车辆并行的线路一般为较为宽阔的城市主干道，具有车流量较大，交叉口之间较为密集且交叉口类型多样的特点。因此，在有轨电车运行线路沿线，有必要通过多路口联网联控的方式，提高有轨电车的通行效率。设置合理的多路口协调控制可以使有轨电车经过每一个平交道口时都实现不停车或者短停车。在提高有轨电车平均速度的同时，降低了频繁加减速带来的影响，降低了车内站立乘客摔倒的风险等。

相比于城市道路中通常的多路口联网联控策略，有轨电车的多路口联网联控有诸多不同。通常的多路口信号协调控制的目标是使以正常速度在受控路段上行驶的车辆到达每个路口时都是绿灯，即可以不停车通过受控路段的路口。以绿波带为例，该方法对车辆的行驶速度有要求，通过估算车辆到达下一个路口的时间进行协调控制。与此相比，由于有轨电车在相邻两个路口间存在车站的可能性很大，需要停车上下客，且停车时间不确定，因此有轨电车的多路口联网联控需要更多的技术支撑。此外，有轨电车所经过的交叉口的种类多样，单纯以有轨电车绝对优先的策略可能对其他方向的车流产生影响，因此应用有轨电车多路口联网联控策略时，需要综合考虑各个方向的交通需求。

5.2　平交道口信号控制的作用

5.2.1　协助有轨电车通过平交道口时的安全运行

通过合理设置平交道口的信号控制策略，可以使有轨电车通过平交道口时，其运行方向不与其他交通流产生任何冲突，即通过信号灯的控制使原先与有轨电车运行线路存在冲突的交通流停止，保证有轨电车通过平交道口时的安全运行。

有轨电车通过平交道口时，其运行线路上的一个方向通常存在有5个或者更多的冲突点。例如，直行方向、在道路中央运行的有轨电车，与电车同向但左转的交通流需要跨越电车轨道，即为一个冲突点，通过设置信号灯使电车通过时，左转方向为红灯即可消除两条交通流的冲突，保障电车的安全运行。

5.2.2 提高有轨电车通过平交道口时的运行效率

有数据显示，影响有轨电车平均速度的一个重要因素是其与城市道路平交道口的信号灯。有轨电车到达平交道口时，往往需要等待下一个信号周期的绿灯才能通过，又由于在城市中运行的有轨电车遇到的平交道口十分密集，平交道口之间的距离往往以百米计，因此停车等待时间占据了有轨电车运行总时间的三分之一到二分之一。利用合理的信号控制策略，可以使有轨电车到达城市平交道口时不停车或者短停车，从而大大提高有轨电车的运行效率。

5.2.3 保障平交道口其他交通流的安全通行

很多研究结果表明，大型车辆（如卡车、重载车及公交车等）对城市交通安全有明显的影响。有轨电车作为介于轻轨和公交车之间的公共交通工具，具有车长较长、不够灵活的特点，其对城市交通安全的影响是显著的，如其过长的车体将对周围其他车辆的视线产生影响，造成潜在的威胁。因此，通过合理设置平交道口的信号控制策略，可以有效改善有轨电车所经平交道口的环境安全。

5.3 优先的研究思路

公交优先在具体的发展策略上，一般可以分为两个方面内容：对公交车辆在通行空间和通行时间上给予优先。按对公交车辆优先程度大小又可以分为公交绝对优先和公交相对优先。现代有轨电车作为典型的路面公共交通车辆，优先通行的思路主要如下。

5.3.1 基于空间的优先

公交空间优先，即给有轨电车提供足够的独立空间，避免社会车辆对其干扰，以保障公交车辆的畅通运行，从而体现出有轨电车在空间上对其他车辆的优先。在具体的技术层面上，通过设置公交专用道、专用进口道等给予有轨电车提供空间优先。具体设置形式有以下几种：

1）专用道。

2）专用路。

3）专用进口道。

4）专用左转道。

将有轨电车从普通车辆中分离出来，建设专用道或专用路，可以在很大程度上提高路网的客运能力和公交服务水平。

5.3.2　基于时间的优先

通过设置公交专用道及专用路等空间优先形式，可以提高有轨电车的运行效率。但是由于城市高密度人口与工作特性，以及城市道路特别是主城区的道路空间资源的紧缺性，许多城市已经没有足够的空间用于扩展新车道。尤其是山地城市，道路资源极其紧缺，我们只有选取另外的手段，如通过时间的控制来实现优先。时间优先主要通过以下方式实现：

1）特定时间段内有轨电车专用。

2）交叉口有轨电车专用相位优先。

3）信号配时优先。

统计数据表明，如果不在道路交叉口的控制策略中体现公交优先，即使有专用道，有轨电车运营节省的时间也十分有限；而采用时间优先后，其平均行驶速度能在原来的基础上得到更大的提高。如果有轨电车优先车道形成网，并采用公交优先通行信号控制，有轨电车在交叉口的延误时间将会减少一半左右。因此，在研究有轨电车优先时，不能单一依靠专用道，也不能仅依靠时间控制，只有两种方法相互配合、合理布置，才能最大限度地体现优先。

5.3.3　绝对优先和相对优先

绝对优先指有轨电车在通行时享有绝对的优先权。当有轨电车与其他车辆发生冲突时，有轨电车有绝对的优先权利，有轨电车优先通行，就像正在执行任务的警车，所有车辆都要为其让行。绝对优先可以在很大程度上提高有轨电车的运行速度，但同时由于社会车辆必须为有轨电车让行，就大大增加了社会车辆的延误，造成社会车辆的长时间排队。这样一来，所有车辆的平均延误有可能会增加，不利于区域交通的发展。

相对优先指在车辆通行时，不仅要考虑有轨电车车辆，还有考虑其他社会车辆。在有轨电车与其他车辆发生冲突时，要进行全面考虑，如果其他车辆的拥挤程度低，则有轨电车优先通行；若其他车辆已经非常拥挤，施行公交优先只会增加车辆的拥挤程度时，不应该启动优先机制。有轨电车相对优先是建立在一定目标上的，即令发生交通冲突的所有交通参与者的平均延误达到最低。在处理交叉口的优先通行时，有轨电车相对优先考虑的比较全面，是一种切实可行的方法。

在实际的有轨电车工程中，一般采用不同程度的相对优先策略。但如何感知道路整体交通状况，从而采取对应的优先程度和控制方法，则是交通优先的研究难点，也是本篇研究的重点。

第 6 章 交通信号控制的发展现状

在理想的、单方向的连续交通流中，没有必要设置信号灯，如高速公路和城市快速路系统。然而在普通的城市道路中，必然会遇到不同方向交通流冲突的问题。解决冲突有三种手段，第一种是通过道路设计，将不同方向的交通流进行转化从而消除冲突，如环岛。环岛的方案效率通常比较高，然而能承载的交通流量较小，在流量大的情况下会完全失效，甚至造成更加剧烈的冲突。第二种是从空间上将两个方向的交通流进行分隔，如采用立体交通。立交桥的方案一般效率很高，能承载的通行流量更大，然而往往需要较大的占地面积，施工成本高。最后一种是从时间上将两个方向的交通流分隔，如采用信号灯。信号灯的方案很高效，并且成本低，容易普及。目前城市道路交通中多采用信号灯的方案。

GB/T 14886—2006《道路交通信号灯设置与安装规范》，规定了国内各道路交叉口和路段上信号灯的设置条件、安装方式，信号灯排列顺序、安装数量和位置、方位等。其中，关于在路口设置指导机动车通行的信号灯的条件，主要涉及进出路口的车流量、路口历史安全事故次数及性质、有无特别要求（如是否处于常用警卫工作路线上的路口，是否纳入了交通信号协调控制的作用范围）。

6.1 交通信号的控制方式

平面交叉口信号控制的基本形式是通过红绿信号灯的指示，给到达交叉口的冲突车流合理地分配路权（right of way），使其在互不重叠的时间段里无冲突地通过路口。

6.1.1 信号灯控制策略分类

1964 年，Gerlough 和 Capelle 等人发布了《交通流理论导论》，后来经过 Huber 和 Gartner 等人的扩展，成为研究信号控制领域的重要参考文献。报告指出，根据信号灯的控制策略划分，交叉口的信号灯配时有三种类型：预定周期式控制、半感应式控制和全感应式控制，在实际中根据交叉口的交通流量选择。

（1）预定周期式控制　预定周期式控制，也称为定时控制，这种控制策略最为简单。顾名思义，利用这种控制策略，信号的周期长度、相位、绿灯时间及转换间隔等要素都是预先定好的。在运行期间，信号的周期时长不变，每个周期的相位、绿灯时间也都固定不变。在实际运用时，可以根据具体情况，结合历史数据和经验，预先设计若干种定时方案，在一天中的不同时间段交替启用，以便适应一天中不同的交通状况。在实际应用中，定时控制策略使用最多。从运行方式上，定时控制策略有其本质上的局限性，由于其固定模式运行的机制，使之难以响应交通流的变化。

（2）半感应式控制　这种控制策略多适用于主干路和次干路的交汇处，主干路车流量大于次干路。通过将检测器设置在主干路上，感应主干路的车流量，如图 6-1 所示。半感应式控制策略在工作时，主干路保持绿灯状态，而次干路保持红灯状态。当检测器检测到主干路连续有车辆到达时，通过适当延长主干路的绿灯时间，将主干路上的连续车流放行。在主干路车流间隙，或达到最大绿灯时长（简称绿时），或在次干路车辆排队较长的情况下才会切换到次干路绿灯。

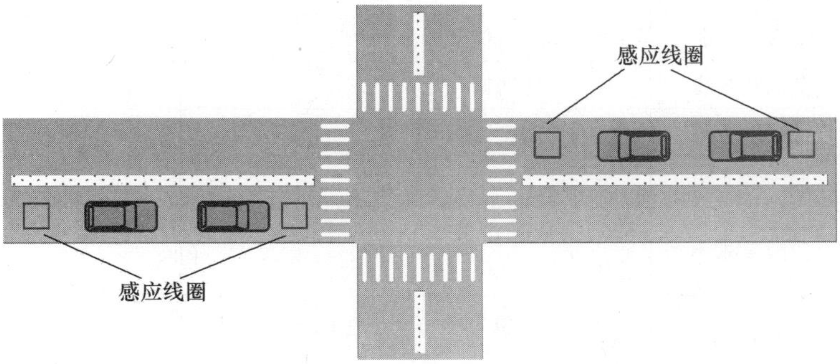

图 6-1　半感应控制示意图

为保证主干道通畅，通常会为主干道设置最小绿时，只有当主干道的当前绿时大于最小绿时的时候，次干道才能够获得绿灯。另一方面，次干道也会设置最大绿时，当次干道绿灯时长达到最大绿时后，会强制切换到主干道绿灯，保证主干道的通行。

采用半感应控制方式，其信号周期和绿灯时长均可能发生变化。当用于主干道和次干道的交汇处时，能够充分地调配资源。当次干道车辆稀少时，所有“多余”的绿时都会分配给主干道，保证主干道的通行。

（3）全感应式控制　与半感应式控制类似，全感应式控制也是利用设置在道路上的检测器监测各条道路的交通流量，根据交通流量分配各个相位的绿灯时长。全感应式控制需要在每个进口道上都布设检测器。全感应式控制一般在每个相位都会设置最小绿时和最大绿时，若检测器没有监测到车辆到达，或者该相位已经达到最大绿时，则切换相位。在实际应用中，信号周期和各个相位的绿时都可以有较大的变化，甚至如果某个相位没有车辆到达，可以取消直接跳到下一个相位。

随着计算机技术和传感器技术的发展，目前逐渐兴起了一些复杂的控制策略。这些控制策略多是通过采集实时的交通参量，利用一些智能的优化方法，对信号灯进行控制。由于采集的是实时的交通参量，并进行优化，因此这种控制策略能够应对复杂的交通情况。一般笼统地将这一类的控制策略称为自适应控制。

6.1.2　信号控制范围分类

根据信号灯控制范围来划分，交通信号控制可分为单交叉口控制（点控）、主干道协调控制（线控）和区域协调控制（面控）三种类型。在历史上，最早出现的就是点控方式，随后由于城市道路交通流量的增加，发展线控和面控的需求日益增强。随着交通信号控制理论的发展，同时得益于计算机技术的提高，线控和面控也逐渐得到应用。这三种信息控制类型大致的发展状况见表 6-1。

表 6-1 城市交通信号控制类型的发展状况

类型	时间	地点	技术	控制路口	信号周期	检测器	控制方式
点控	1868	英国伦敦	燃气色灯	单	—	—	—
	1913	美国克利夫兰	电力色灯	单	—	—	—
	1926	英国多个城市	单点定周期自动信号机	单	定	—	自动
	1928	美国多个城市	感应式自动信号机	单	定	气压式	自动
线控	1917	美国盐湖城	手控干道协调控制	6	定	—	人工
	1922	美国休斯顿	电子计时干道协调控制	12	定	—	电动
	1928	美国多个城市	步进式定时干道协调控制	多个	变	—	电动
面控	1952	美国丹佛	模拟计算机交通信号控制系统	多个（网）	变	气压式	计算机
	1963	加拿大多伦多	数字计算机集中协调感应控制信号系统	多个（网）	变	电磁式	计算机
	1968	英国多个城市	交通网络研究工具（TRANSYT）系统	路网	变	电磁式	计算机
	20 世纪 70 年代末	澳大利亚悉尼	区域自适应控制（SCAT）系统	路网	变	电磁式	计算机
	1980	英国多个城市	绿信比、周期、相位差优化技术（SCOOT）	路网	变	电磁式	计算机

对于这三种信号控制类型的特点，分别简单介绍如下：

（1）单交叉口控制　单交叉口控制，也叫点控，指每个交叉口各自执行各自的控制策略（可以是前面提到的定时控制或者感应控制），各个交叉口的信号灯互不相关，独立运行，而与其他交叉口没有关系。单交叉口控制最为简单，也是最基本的控制类型，其所需的设备简单，维护方便，被广泛使用。

（2）主干道协调控制　主干道协调控制，也叫线控，或者绿波带控制，一般适用于主干道沿线。如果主干道沿线的各个交叉口都采用点控，那么对于沿着主干道行驶的车辆，在通过一个交叉口之后，有可能在下一个交叉口遇到红灯。这一方面增加了车辆的运行时间，降低了乘客的出行感受；另一方面也增加了噪声和空气污染。通过合理安排主干道沿线各个交叉口信号灯的相位差，可以使正常行驶在主干道的车辆在每一个交叉口都尽量遇到绿灯，如图 6-2 所示。当车辆在主干道上行驶时，总是在绿灯时间内通过交叉口，减少了停车等候的时间，确保了主干道的畅通。

主干道协调控制通常应用于主干道上相邻的若干个交叉口，适用于交叉口间距较小，主干道流量较大的情况。

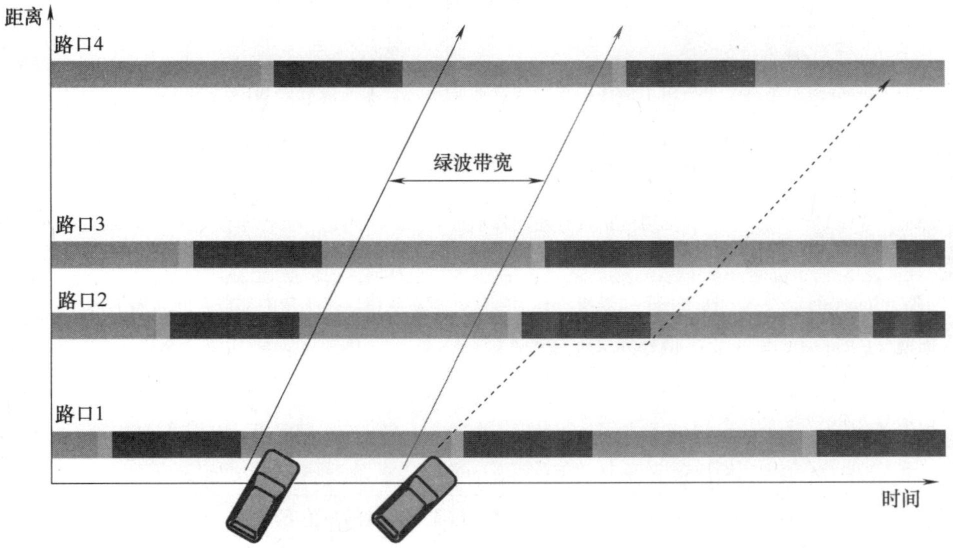

图6-2　绿波带控制示意图

（3）区域协调控制　区域协调控制又叫面控，相对于单交叉口控制和主干道协调控制的方式，区域协调控制的控制区域最为广泛。区域协调控制通常控制一个区域，甚至一个城市内所有的交叉口的信号灯。区域协调控制是主干道协调控制的扩展，由中心计算机统一发布指令，给出每个信号灯最佳的周期、绿时长、相位等，协调控制整个区域内的交通情况。在实际应用中，区域协调控制通常在整个区域内再划分若干小区域，在每个小区域中使用相同的策略进行控制。

目前，典型的城市交通信号控制系统，如英国的TRANSYT和SCOOT，澳大利亚的SCAT等，都有区域协调控制的功能，并且已经在世界多个城市使用，取得了良好的效果。

6.2　单交叉口信号控制理论

从本质上来说，交叉口信号控制就是一个最优化的问题，通过合理安排信号灯的周期、绿时、相位等因素，使得某种目标函数达到最优。一般而言，这种需要优化的目标可以是车辆平均延误最小、通行量最大和停车次数最少等，也可以是多种目标的组合。

6.2.1　信号控制相关术语

对于一个信号灯来说，可以作为优化变量的因素包括信号周期、绿灯时长、相位差等，其中信号周期和绿灯时长是影响单个交叉口信号配时的重要参数，相位差是影响多个交叉口之间协调的重要参数。此外，相序也可以作为优化的参量。交通信号控制相关术语及其含义见表6-2。

对单交叉口信号控制来说，定时控制与感应控制使用得最多，近年来随着信息技术的快速发展，自适应控制策略也逐渐得到更多的应用。

表 6-2 交通信号控制相关术语及其含义

术 语	含 义
移动（Movement）	用于描述用户类型（车辆还是行人）及在路口的行为（转向）
道口（Approach）	道口包含了从同一个方向到达路口的所有左转、直行、右转车道，承载了所有可能的移动行为
交通流（Traffic Stream）	交通流指具有相同移动行为的一个到达车流。车流中的车辆在路口具有相同的移动行为，如都左转、右转、直行，或是停下来排队
间隔（Interval）	一个间隔指所有信号灯的指示颜色保持不变的那段时间间隔
周期（Cycle）	信号指示的一个完整序列
相位（Phase）	相位是周期中的一部分，是和一个或几个移动联系在一起的，这些移动在这部分时间里共同连续经历三个间隔，在这三个间隔里，它们碰到的指示灯分别是绿灯、黄灯、红灯（全红）
绿信比（Green Ratio）	指某一相位的绿灯时长与周期长度的比值
损失时间（Lost Time）	指没有被车辆充分利用的那段时间，包括绿灯开始时的起动时间、部分黄灯时间和全红时间
相序（Phase Sequence）	相序指的是一个周期内相位的序列

6.2.2 定时控制

定时控制是最简单的控制策略，早期的交通信号灯都是通过设置固定长度的周期和绿信比进行控制的。即使是固定周期和绿信比的简单定时控制，也仍然存在优化问题。一般来说，都要对交通流的模式进行建模，从而建立延误的模型，同时还要获得实际的交通数据进行标定。通过优化标定后的模型来得到最优的周期和绿信比等参数。

在对交通流的模式进行建模时，通常需要对车辆的到达模式进行假定，而为了理论推导和计算上的方便，这些假定往往是实际情况的比较粗略的近似和简化，从而导致在计算延误的时候，模型结果与实际结果往往存在一定差别。不同的模型在不同交通流量下的误差也不一样，在应用的时候需要注意根据实际情况选用适当的模型。

Clayton 假定车流的到达和离开都是均匀的，这是早期模型常常采用的简化，现在看来，这一假定显得过于理想和抽象。根据生活经验可知，在交叉口，车辆的离开一般可以视为是均匀的，但是由于上游信号灯的作用，实际上车辆的到达并不均匀，有较大的随机性。Wardrop 利用计算机仿真技术对 Clayton 的模型进行了检验，在 Wardrop 的实验中，假设车流是泊松流到达，均匀离开，并计算出仿真得到的延误值与根据 Clayton 模型得到的延误进行比较。结果表明，当交通流量较小时，两种模型差别不大；然而随着流量的增大，Clayton 模型得到的结果明显偏小。在此基础上，Webster 扩展了 Wardrop 的工作，将 Clayton 模型进行修正，给出了一个经验模型。Webster 延误公式是最常用的延误模型，很多成熟的定时控制算法都是以 Webster 延误公式为基础的，包括英国的 TRRL 法。

在 Webster 模型的基础上，很多学者发展了自己的模型，这些模型有的基于理论推导，有的基于计算机仿真。但总的来说，这些模型都假定到达交叉口的交通流量恒定不变，车辆的到达服从某种稳定的随机分布，并且交叉口进口断面的通行能力能够得到保障，不出现过饱和现象。这些模型也被称为稳态模型。这些基于稳态理论的模型，在交叉口交通流量饱和度接近 1 的时候会出现较大的误差，并且不适用于饱和度大于 1 的情形。

针对饱和度大于 1 的过饱和交通流，也有学者专门做了研究，提出了基于定数理论（deterministic theory）的延误模型。该模型适用于交通流过饱和的情况，但是同样在饱和度接近 1 的时候会有较大误差。

针对这两类模型的缺点，有很多学者研究了饱和度在 1 附近的交叉口延误并进行建模，这一类模型则多是将上述两种类型的模型进行混合而建立的。

6.2.3　感应控制

感应控制与定时控制不同，它是通过设置在道路上的检测器来检测交通流的状态，获取实时的车流情况，并根据一定的规则来决定是否延长当前绿灯状态，或者切换到下一个相位。感应控制适用于随机性较大的交通情况，减少了车辆在交叉口的等候时间，保证了交通的通畅。

感应控制最主要的参数就是最小绿时、最大绿时、单位延时，这些参数与实际的交通状况和交叉口的地理条件有关。感应控制的基本原理可以用图 6-3 表示。一个相位从绿灯开始，当到达最小绿时的时候，即检查后续是否仍有车辆到达。如果是，则延长若干单位延时，使车辆得以正常通过；如果否，则可切换到下一相位。而当延时达到最大绿时时，则强行切换到下一相位。

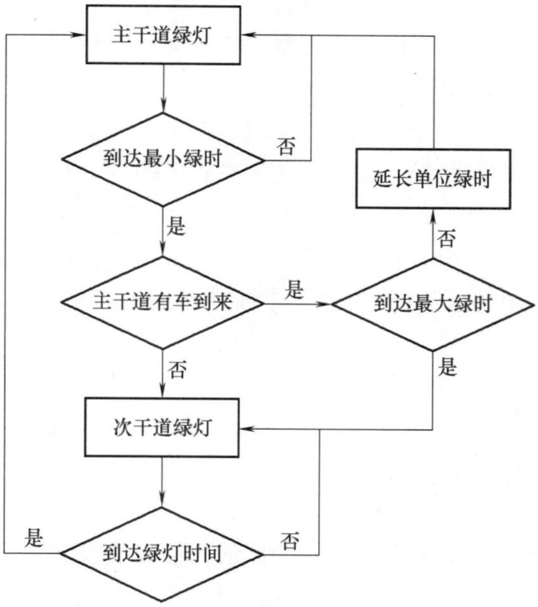

图 6-3　感应控制的基本原理

由于感应控制是根据随时监测交通流的状况进行调整，因此对交通流量随机性变化较大的交叉口有明显的效果。另外，从图 6-4 可以看出，如果交通流量持续维持在较大的状态，那么每个相位中绿灯很容易会延长到最大绿时，从而退化到定时控制的状态。因此，感应控制并不适合交通流量特别大的情形。

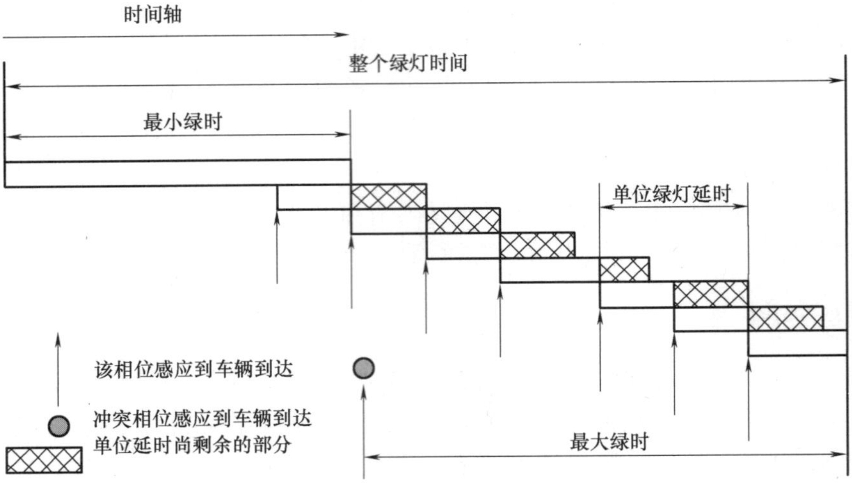

图 6-4　感应控制条件下某相位持续到达车辆时的情况

6.2.4　自适应控制

自适应控制是近年来逐渐发展起来的一类控制方式，可以看作是感应控制的延伸和发展，是更高级的感应控制。自适应控制的基本手段还是通过检测器获得实时的交通流量的信息，然后通过一些自适应的算法，对交叉口的信号灯配时进行实时调整。

自适应控制可以分为有确定模型的优化型方法和无确定模型的规则型方法。优化型方法需要对交叉口的通行能力进行建模，对交叉口各个方向到达的车辆进行预测，对关心的目标进行数学化的表述，利用检测器得到的实时交通参数，在模型中进行优化，获取最优的配时方案。由于此类模型通常非常复杂，在获取优化参数的时候，往往会利用一些现代的优化方法在计算机上求解。而规则型方法则是借助模糊数学的理论基础，利用事先制订好的一系列规则来制订策略，这一类方法并不需要对交叉口的交通流量情况进行建模，适用范围较广。

自适应控制的困难之处在于，通常用于详细描述交叉口交通情况的模型和规则都很复杂，寻找最优参数的过程比较困难，需要大量的计算，并且容易陷入局部最优解而难以得到全局最优解。目前得到实际应用的并不多。

6.3　多交叉口信号控制理论

多交叉口信号控制是将主干道上或者一个区域内多个交叉口进行协调控制，以使整条主干道或者整个区域内的交通状态得到最优化。相对于单交叉口信号控制来说，多交叉口信号控制需要按顺序决定每一个信号灯相对于其他信号灯的相位差。只有合适的相位差才能使通过多个交叉口的交通流保持最大限度的畅通。

6.3.1　主干道协调控制

主干道协调控制又叫绿波带控制。在实际应用中，主干道信号控制多从两种思路入手，一种是将上下行车流共同的通行绿波带的带宽作为优化的目标，使绿波带的带宽最大化，如

图 6-5 所示。这种思路目标明确，形式直观，方便计算，在实际中得到大量的应用。另一种思路是将上下行车辆的运行时间、延误及排队长度等作为优化的目标，使得平均的运行时间最小、延误最小、排队长度最短。这种思路追求的目标最为接近实际的需求，因而在近年来逐渐得到重视。然而，由于影响实际运行时间、延误、排队长度等的因素很多，难以建立精确的模型，造成理论分析的困难，并且目标函数多、形式复杂，计算上也并不容易。

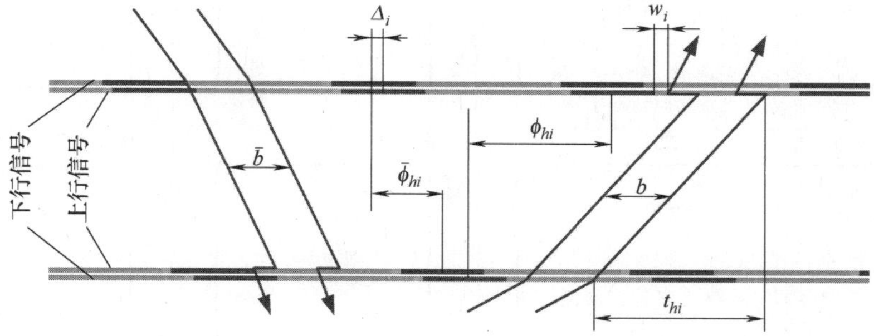

图 6-5　绿波带控制的时空轨迹图

最大化通行绿波带带宽的方法，通常是将问题建模为一个混合整数线性规划模型。绿波带控制的基本变量及其含义见表 6-3。

表 6-3　绿波带控制的基本变量及其含义

变　　量	含　　义
C	信号灯周期
$b(\bar{b})$	上行/下行带宽
$r_i(\bar{r}_i)$	第 i 个交叉口上行/下行红灯时长
w_i	第 i 个交叉口从红灯结束到绿波带到来的时间
$t_{hi}(\bar{t}_{hi})$	上行/下行方向第 i 和第 h 个交叉口之间的旅行时间
$d_{hi}(\bar{d}_{hi})$	上行/下行方向第 i 和第 h 个交叉口之间的距离
$\phi_{hi}(\bar{\phi}_{hi})$	上行/下行交叉口之间的相位差，定义为相应方向上第 i 个交叉口和第 h 个交叉口红灯中心的时间间隔
Δ_i	第 i 交叉口上下行方向之间的相位差，定义为同一个交叉口上下行方向的红灯中心的间隔
$t_i(\bar{t}_i)$	上行/下行排队清空时间
$v_i(\bar{v}_i)$	上行/下行的路段行驶速度

6.3.2　区域协调控制

由于在城市道路系统中，往往存在多条交通流量较大的干线，这些干线之间也存在交汇，形成网状结构，单一的主干道控制往往不能达到很好的效果。近年来区域协调控制的理念越来越得到重视和发展。

控制对象在空间上的分布从一维扩展到了二维，区域协调控制相对于主干道控制难度大大增加。区域协调控制与主干道协调控制类似，通常将其建立为一个混合整数线性规划模型，利用线性规划的手段进行求解。

实现有轨电车的优先通行，使社会车流的延误在区域不同道路上逐级分担，以此实现面控。在此选择简单井字形四个路口的区域进行研究，面控区域如图 6-6 所示。

路口标号分别为①、②、③、④；线路分别为 a、b、c、d，其中 a 为有轨电车径路，路宽分别为 l_a，l_b，l_c，l_d；相关路段距离为 S_1，S_2，S_3。

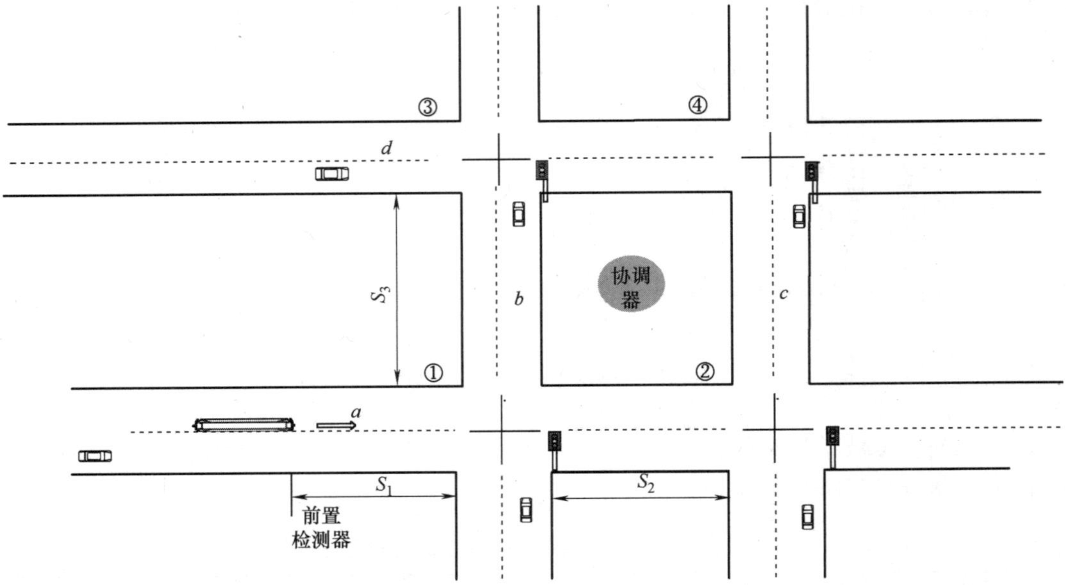

图 6-6　面控区域

假设：有轨电车不受社会车流影响，匀速运行，且速度为 v；有轨电车在绿灯结束时刻进入路口时，能够在黄灯时段完全通过路口；前置检测器与路口①②的距离满足：前置检测器检测到有轨电车后，有轨电车在一个信号周期内到达路口①；一个周期时间段后，下个周期内到达路口②。控制原理如图 6-7 所示。

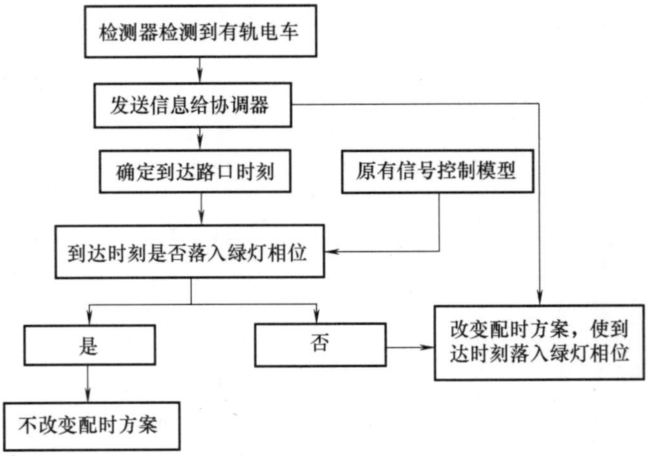

图 6-7　控制原理

1. 对于路口①

前置检测器检测到到达的有轨电车及其速度 v，并将这一信息发送给协调器，协调器根据到达路口①的时间 $t_1 = S_1/v$，确定有轨电车到达路口的时刻所落入的信号相位。

1）若落入绿灯时段，则无须协调，按原有信号周期和绿信比正常运行。

2）若落入黄灯时段，分以下两种情况：①黄灯前一相位为红灯，则压缩该红灯时间，提前开启绿灯，使绿灯开启时刻提前到有轨电车到达时刻之前。②黄灯上一相位为绿灯，则延长该绿灯时间，使绿灯结束时刻延长至有轨电车到达时刻之后。

3）若落入红灯时段，分以下两种情况：①落入红灯前半时段，延长上一相位绿灯时间，使绿灯结束时刻落在有轨电车到达时刻之后。②落入红灯后半时段，压缩该红灯时段时间，提前开启绿灯，使绿灯开启时刻落在有轨电车到达时刻之前。

2. 对于路口②

前置检测器检测到到达的有轨电车及其速度 v，并将这一信息发送给协调器，协调器根据到达路口②的时间：$t_2 = (S_1 + l_b + S_2)/v$，确定有轨电车到达路口②的时刻所落入的信号相位。

1）若落入绿灯时段，则无须协调，按原有信号周期和绿信比正常运行。

2）若落入黄灯和红灯时段，配时方案可以与路口①中的 1）、2）相同。但考虑到有轨电车到达该路口的时间相对较长，也可以将绿灯提前或延长的时间在两个周期内均衡调节，在确保到达时刻落入绿灯时段的同时，减轻对正常交通运行的干扰。

3. 对于路口③

路口①处的信号控制未因有轨电车到达时刻而改变原有的绿信比，协调器就不会改变路口③控制器原有的信号控制规律。

若路口①处绿信比变化，线路 b 上的红灯时间就会相对延长，所造成线路 b 上社会车流的这部分延误需要在线路 b 下一路口③得到一定的弥补，使得这部分延误在线路 b 和线路 d 上得到分担。

假设车辆从起步到路口③的平均速度为 v_b，那么因有轨电车优先通行所造成额外延误的车流到达路口③的时间可以按式 $t_3 = (l_a + S_3)/v_b$ 计算。

根据到达时刻所落入的时段分析：到达时刻落入绿灯时段，如果绿灯剩余时段不能满足延误车流全部通过，则适当延长该绿灯相位时间，确保一定量的延误车流通过。到达时刻落入黄灯时段，上一相位为红灯，压缩一定的该相位红灯时间，提前一段时间开启绿灯；上一相位为绿灯，则延长该相位绿灯开启时间，确保一定数量额外的车流通过。到达时刻落入红灯时段，压缩该红灯时段的时长，使到达时刻的车流能够绿灯通过，或者等待的红灯时间相对缩短。

4. 对于路口④

分析与路口③一样，到达时间 $t_4 = (l_a + S_3)/v_c$，式中，v_c 为车辆从起步到路口④的平均速度。

第7章 有轨电车和城市道路平交道口分析

7.1 平交道口交通流量分类

根据平交道口几何结构和交通流量的不同，平交道口可以分成若干类型。有轨电车所经过的平交道口类型在很大程度上影响了信号控制策略的选择。下面将对几种主要的平交道口进行分析。

7.1.1 主干道与主干道平交道口

在有轨电车的运行线路上，其与主干道的平交道口的数量不是很多，但却是对有轨电车运行安全与效率影响最大的平交道口。由于城市主干道的交通作用，其具有交通流量大、车辆种类复杂、非机动车和行人较多的特点，且容易产生拥堵。此类平交道口的信号周期通常较长、道口规模较大，见表7-1。

表7-1 主干道与主干道平交道口的特点

因素	特点
交通流量	1）各个方向流量都很大 2）流量通常呈现明显的时间波动，早晚高峰时流量大 3）容易拥堵
道口特点	1）大多数主干道平交道口均为十字形，少数此类道口为不规则形状 2）各个方向车道数都很多，至少为3车道 3）平交道口规模大，交通环境复杂
车辆种类	车辆种类较多，包括公交车、货车、小汽车等
信号灯设置	通常为四相位或者更多，信号灯周期长
安全和效率影响	1）对有轨电车运行安全影响大 2）对有轨电车运行效率影响大
数量	数量较少，此类路口之间距离通常较远
其他	行人和非机动车数量很多，部分此类道口有天桥或过街通道，但仍有部分路口为人行横道

该类型交叉口的控制原则是在确定有轨电车按规定速度通过交叉口的最小绿灯时间的前

提下，采用常规信号控制，并保证有轨电车顺利通过交叉口，简称最小绿灯原则；换言之，主干道与主干道的交叉口宜采用均衡通过策略。由于有轨电车要求有足够的行车间隔以及较强的运行规律、预计到达交叉口时间的可预见性以及具有较大运行惯性的特点，该类型交叉口在采用均衡通过策略的同时，给予有轨电车必要的信号优先或适度优先通过交叉口的权利。

7.1.2　主干道与非主干道平交道口

此类道口为有轨电车运行线路中最常见的道口，具有数量多、密度大的特点。其交通流特征明显，主干道方向交通流量大、车辆较多，详细见表 7-2。

表 7-2　主干道与非主干道平交道口的特点

因　素	特　点
交通流量	1）主干道方向流量很大，非主干道流量一般或较小 2）主要流量集中在沿主干道直行方向，其他行驶方向车辆较少 3）流量通常呈现明显的时间波动，早晚高峰时流量大 4）容易拥堵
道口特点	1）大多数平交道口均为十字形，少数此类道口为不规则形状 2）主干道车道数很多，至少为 3 车道，常见 4 车道或 5 车道 3）非主干道方向车道数不确定，2～5 车道均有可能，视道路规划而定 4）平交道口规模中等，交通环境较为复杂
车辆种类	车辆种类较多，包括公交车、货车、小汽车等
信号灯设置	多数为三相位，也有其他设置方式
安全和效率影响	1）对有轨电车运行安全影响较大 2）对有轨电车运行效率影响大
数量	数量较多，此类道口之间距离通常较近，在有轨电车运行线路上比较密集
其他	行人和非机动车数量一般，绝大多数道口为人行横道，无天桥等设施

该类型交叉口的控制需要协调主干道与非主干道的地面交通关系，允许有轨电车相对优先通行，即有轨电车运行前方的交叉口交通信号已亮红灯或黄灯时，维持道路原有交通信号控制方式不变；如果有轨电车到达交叉口时，对应的信号为绿灯，可延长绿灯显示时间，直到有轨电车通过交叉口。实施相对优先时，应考虑有轨电车与公共汽车运行的动态环境，以取得较好的交叉口控制效果。

如果非主干道的交通流量很小，可以对主干道采用绝对优先的控制方式，即控制交叉口信号，持续较长时间，保证主干道有轨电车保持通行，非主干道保持禁止通行；当检测到非主干道有一定范围内的机动车到达时，交叉口信号控制才允许非主干道车辆通行。在非主干道放行期间，如果检测到有轨电车到达时，控制信号灯进行转换操作。

7.1.3　非主干道和非主干道平交道口

此类平交道口在城市交通中最为常见，但由于有轨电车运行条件的限制（如轨道、电网架设等），有轨电车往往沿宽阔的道路运行。因此，在有轨电车经过的平交道口中，只有极少数是非主干道与非主干道的平交道口，见表 7-3。故本小节只对此类平交道口进行简单叙述，不作为重点考虑。

此类道口对有轨电车采用绝对优先的控制方式，即交叉口信号控制正常运行。当检测到有轨电车接近路口时，立即调整信号策略，保证有轨电车优先通行。有轨电车通过路口后，重新恢复正常的信号控制策略。

表 7-3　非主干道与非主干道平交道口特点

因　素	特　点
交通流量	流量一般或较小，流量变化不大
道口特点	1）平交道口形状不定，大多数为十字形 2）通常为单车道或两车道 3）道口规模较小，一旦出现事故容易拥堵
车辆种类	以小汽车为主
信号灯设置	通常为两相位或三相位
安全和效率影响	1）对有轨电车运行安全影响较小 2）对有轨电车运行效率影响较小
数量	在有轨电车运行线路中较少出现
其他	道口多种交通流混合，需要注意行人

7.2　有轨电车路权形式分析

有轨电车运行在轨道上，其路权直接影响有轨电车运行的效率和安全，并决定着有轨电车的运行模式、控制模式。根据美国运输研究学会的建议，可将轨道交通系统的路权划分为 3 种形式 9 种类别，见表 7-4。

表 7-4　轨道交通系统的路权分类

形　式	类别	说　明
A（专用路权）	a	线路与其他任何交通方式及行人隔离。主要措施有：建设高架线、地下线、地面线及全线设隔离带
B（部分专用路权）	b-1	仅在指定道口容许行人通过，车辆根据交通信号灯指示通过，其他路段用路沿石及栏杆隔离（郊区）
	b-2	仅在指定道口容许行人通过，车辆根据交通信号灯指示通过，其他路段用路沿石及栏杆隔离（市区）
	b-3	仅在指定道口容许行人通过，车辆根据交通信号灯指示通过，其他路段用路沿石及附加栏杆隔离（市区）
	b-4	仅在指定道口容许行人通过，车辆根据交通信号灯指示通过，其他路段用斜面坡度隔离（市区）
	b-5	与市政道路侧用路沿石隔离，另一侧与人行道顺接，行人可以自由穿过轨道，机动车在指定位置根据交通信号灯指示通过

（续）

形　式	类别	说　明
C（无专用路权）	c-1	与机动车（包括摩托车）、自行车混行，行人在指定位置根据交通信号灯指示通过
	c-2	与机动车（不包括摩托车、自行车）混行，行人在指定位置根据交通信号灯指示通过
	c-3	与行人混行，机动车不得驶入

轻轨、地铁系统广泛采用 A 类路权。对于有轨电车，其路权形式较为多样，部分项目为了更好地发挥有轨电车的运输效率，提高有轨电车的安全性，会采用 A 类路权。但为节省投资和运行成本，绝大多数有轨电车采用 B 类或者 C 类路权。在选择有轨电车与城市道路平交道口信号控制策略时，需要充分考虑有轨电车的路权形式对有轨电车运行的影响。

第 8 章 有轨电车信号优先设计

8.1 概述

现代有轨电车大运力、高速度等特点使其信号优先控制的策略与普通公共交通信号优先的方式有较多不同。具体而言，针对现代有轨电车信号优先中存在的问题，在设计线路的信号控制方案时，可以进行以下几个方面的研究。

1）现代有轨电车交通信号优先控制策略及算法的研究。

2）现代有轨电车城市主干道混合路权模式下控制方式和交通信号优先的研究。

3）有轨电车交通信号优先对整体交通影响的研究。

另外，在研究过程中，可以搭建有轨电车信号优先以及混合路权方式的模拟和仿真平台，保证各阶段分析、模拟以及后续研究的需要。下面详细介绍这几部分的研究内容、研究目标、关键问题以及具体研究路线。

8.1.1 交通信号优先控制策略及算法的研究

为获得适合多种路段和道口的有轨电车信号优先控制通用方案，针对不同道路和道口形式，设计出适用的有轨电车交通信号优先控制策略和算法，首先需将现代有轨电车线路中需要使用信号控制的路段进行分类，并研究其各参数对信号优先控制策略选择的影响，即对选择绿灯延长、插入相位等策略的影响；其次针对不同的策略，制定具体的控制算法。具体内容包括：

1）有轨电车的位置检测。

2）道路交叉口信号优先控制策略及其算法的研究。

在设计过程中，有以下关键问题需要予以重视。

1. 现代有轨电车检测间距

首先，由于城市道路情况复杂，RFID 卡的信号很可能发生反射、衍射。为防止同一 RFID 卡号被多个读卡器读取而导致车辆检测错误，需设定：一旦读到 RFID 卡信号，则后续读卡器在规定时间内（如 30 秒）对此 RFID 卡号进行屏蔽，这样可以避免同一 ID 号被一条道路上两台读卡器读取，导致对信息的误判。

其次，对于道路下方埋设的 RFID，在电车运行的普通路段，可以铺设的较为稀疏，如约 100m 一个；在靠近交叉口的路段，应较为密集，如 10m 一个。这样，有轨电车的精确位置可以实时地传递给控制中心的信号控制机，为有轨电车即将到达的道路交叉口的信号配置做好准备。在研究过程中，RFID 的铺设密度，读卡器屏蔽具体 RFID 卡号的时间间隔，都应经过严格的测算和实时模拟。

2. 现代有轨电车信号优先控制策略及系统架构的分析

对于现代有轨电车信号优先方案的设计，不能仅仅从有轨电车一方面考虑，应从整体交通的大环境下对其进行分析。在研究这种控制策略是否具有提高有轨电车通行能力之前，首先，必须对这种控制策略架构进行理论分析，包括分析其合理性、安全性以及可能出现的并发问题；然后，需要针对不同道口类型（十字路口、丁字路口、转盘等）的信号灯的相位顺序提出具体的方案。此外，在进行架构设计时，还需注意以下事项：

1）当有轨电车的站点（停车位置）距离下游的道路交叉口很近时，应注意防止对下游道口有轨电车通行权的提前触发（此时可将触发距离缩短），以避免在有轨电车上下乘客时，延长下游道口其他机动车辆的等待时间。

2）当有轨电车通过时，沿线直行和右转车辆是否拥有通行权。如果有，此通行权应考虑最短绿灯时间。最短绿灯时间后，才可将路口通行权交给冲突车流方向。

3）对于大型路口或者行人高峰容易出现的地区（如火车站等），应安排其他立体行人过街设施（如天桥，地下通道），避免行人的突发性拥堵对局部交通造成影响。

4）应考虑应急预案。如在有轨电车靠近道口时，道口通行权已经触发，而又遇到其他车辆发生交通事故，有轨电车轨道被车辆或者其他因素阻挡或者破坏。在这种情况下，应该能及时通知调度指挥中心，由调度指挥中心发出指令，使相关的道口信号机进入非优先控制模式，保证道口机动车辆正常通行。待事故处理后，再对有轨电车开放通行权，避免道口处的机动车辆大量滞留。

3. 现代有轨电车信号优先控制算法

在选择合适的检测参数以及控制策略架构的基础上，重点进行有轨电车控制算法的设计。交通信号控制算法的核心问题是配时算法的设计。交叉口的通行能力以及车辆通过交叉口时的受阻滞程度，都直接受信号配时方案的影响。根据有轨电车在道路交叉口的信号控制策略（即采用何种控制类型），在信号配时过程中，主要考虑以下几个重要参数：

1）周期时长。在没有有轨电车通过时，道路交叉口信号灯一个完整的循环所需要的时间。

2）最短绿灯时间。为保证通过道口的车辆以及过街行人的安全，绿灯相位的最短时间。

3）损失时间。一次信号周期内任何方向的车辆都不能用于通行的时间。

4）其他重要参数。绿灯有效时间、饱和流量、有轨电车速度和制动距离等。

具体交通信号的配时过程可以按以下步骤进行：

1）第一步：确定信号相位阶段与顺序的划分方案，具体的划分方法要根据交叉口平面的布置方案、几何尺寸以及车流运行情况来决定。

2）第二步：绘制关键相位的判定图示。根据交叉口信号阶段划分情况，或信号阶段与信号相位对应关系，按顺序标出所有各个信号阶段，然后用连线标明各相位绿灯显示时间区段。

3）第三步：非搭接和搭接的相位处理。

4）第四步：计算通行能力各个相关参数、近似最佳信号周期以及各相位起止点。

5）第五步：建立软件模型进行模拟，以检测其他机动车辆的平均延误时间、平均排队长度以及停车次数等参数是否合理。

8.1.2 交通信号优先对整体交通影响的研究

由于有轨电车的编组较长，当其采用信号优先（尤其是绝对优先的方式）通过道路交叉口时，对其他交通车辆的影响有可能会比较严重。因此，在设计有轨电车信号优先的过程中，需要找到电车信号优先对电车所在区域交通，以及人们出行选择的交通方式、选择道路的影响，为以后有轨电车线路的选择、站点设置等决策提供依据。力图使所采用的信号优先方式、线路及站点等的设置最大程度地诱导人们采用公共交通的出行方式，并使机动车驾驶者平均使用路网的各条道路，以避免造成拥堵。

具体包括两个方面的内容：

1）在现代有轨电车所在区域路网中，信号优先对其他道路的车流量、拥堵发生地点等方面的影响。

2）在不同时间，如早晚高峰时段、节假日等特殊时间段内，采用现代有轨电车信号优先方式对机动车驾驶人选择道路的影响，以及对人们出行的影响。

另外，在使用交通模拟对所研究内容进行分析的过程中，要考虑采用模拟分析时可能遇到的与现实交通中不同的几个问题：

1）模拟分析通常会高估交通对某个机动车辆的影响.

2）可能会低估公共交通优势的影响。

3）可能没有考虑到交通政策的可行性。

4）可能没有考虑长期的发展状况。

8.2 有轨电车信号优先设计与研究技术路线

现代有轨电车信号优先设计的技术路线如图 8-1 所示。首先，按照现代有轨电车的特

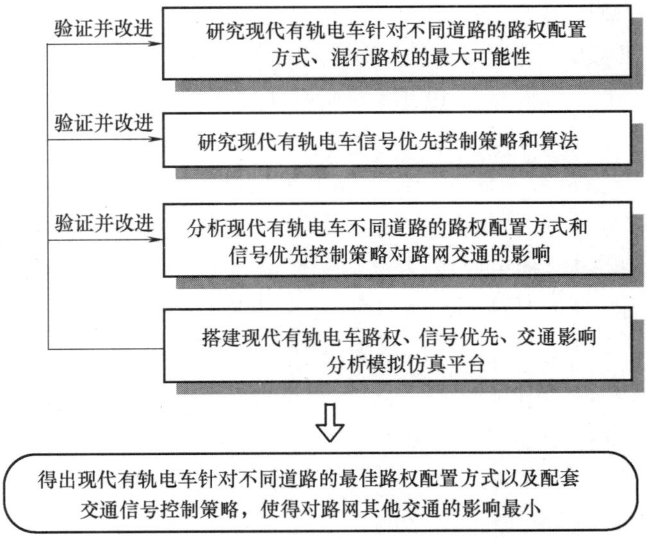

图 8-1 现代有轨电车信号优先设计的技术路线

性，研究不同线路条件下，现代有轨电车最合适的路权配置方式；然后，研究构建完善的有轨电车信号优先的控制策略和算法；最后，分析现代有轨电车不同路权和信号优先控制策略对整体路网交通的影响。在此基础上，搭建现代有轨电车路权、信号优先、交通影响分析模拟仿真平台，得出最佳的路权配置方式以及配套的信号控制策略。

针对现代有轨电车信号优先在设计与研究过程中的重要问题，主要有以下具体的技术路线。

8.2.1　基于高精度检测装置的策略

在制订现代有轨电车交通信号的优先控制策略及算法时，首先要考虑所提出的控制策略在系统架构上是否具有安全性和可行性，并且需要注意进行架构设计时的方法。按照从具体实例到一般性情况的顺序，首先对具体实例的控制策略系统架构进行设计和分析。根据电车运营路线的长度、交叉口的类型和数量及停车站点的位置和特点，对电子标签（RFID）的铺设密度进行计算和实验；按照得到的结果，依据不同路口类型，对具体的信号优先控制策略进行相位顺序的设计。然后按照所设计路线上实际采集的交通数据，进行信号配时算法的设计。最后对当地交通部门所采集的信息进行合理扩展。对现代有轨电车所在路网的整体交通进行建模，并将所设计的控制策略及算法纳入到模型中，进行实时的分析。再将所设计的策略和算法在实际交通中进行实践检验，找出其中的问题，并根据问题进行策略以及算法上的修改。

8.2.2　主干道混行路权模式的控制研究

对于主干道上现代有轨电车与其他机动车辆的混行研究，分两个步骤进行。第一步，对部分特殊车辆，如处理公务的警用车辆、救护车辆等，按照统一监控和位置检测的模式进行控制，允许其使用有轨电车所在车道。研究在不修改有轨电车信号优先控制策略的前提下，实施信号优先所允许的特殊车辆车流密度的最大值；继续增大特殊车辆的车流密度，并修改信号优先的控制策略，使有轨电车在到达某路口前，等待的特殊车辆能够尽快被清空，不影响有轨电车的迅速通过。第二步，在此基础上，研究所有其他机动车辆在不使用监控和位置检测模式的前提下，与有轨电车在同一车道混行的可能性，以及有轨电车可能出现的延迟。然后修改控制策略和算法，并分析有轨电车车道最大允许的与普通机动车辆的混行程度。

有轨电车信号优先模式下对其他交通的影响研究主要由三个阶段组成：

第一阶段，搭建交通模拟平台，按照所设计的信号优先控制策略及算法，检测其他交通行为与不实行交通信号优先情况下相比所受到的影响（如单位车辆延迟、等待队长、路口通行量等）。并且在所要设计的线路上试行所设计的有轨电车信号优先方案，记录有轨电车以及其他交通方式的日常数据。

第二阶段，模拟研究信号优先对机动车辆选择路线和对人们出行选择交通方式的影响。

第三阶段，综合模拟结果以及实地记录数据，对所建立控制策略和模拟平台进行完善。最终将结论普及到一般性交通环境，并进一步修正所涉及线路的信号优先方案。

总之，现代有轨电车的信号优先设计包含了路权配置、优先策略以及交通影响分析等几部分。在设计现代有轨电车线路的信号系统时，需要利用已有的数据对实际线路情况进行方案评估和测试，以整体交通无较大影响、有轨电车沿线信号尽可能优先的指标来找出最好的信号优先方案。当然，也可在大量的数据和设计方案基础上，找出有轨电车信号与城市交通信号协同发展的一般性规律，进一步简化和产品化设计过程。

8.3 有轨电车信号优先评估指标

一套现代有轨电车信号优先方案的优劣，通常需要很多重要的指标来衡量。围绕有轨电车信号优先在设计和研究过程中的几个关键问题，以下几个衡量指标可予以重点关注。

1）单条线路上有轨电车在单个路口的平均延误时间减少比率。主要衡量在实施了有轨电车信号优先方案后，有轨电车在单个路口由于交通流冲突等所造成的平均延时比信号优先方案实施前的减少量。此项为有轨电车信号优先的主要衡量指标。

2）有轨电车线路与主干道路的交叉口上普通机动车辆平均延误时间的增加比率。主要用来衡量交通负载较大的路口，普通机动车辆受信号优先方案的影响程度。

3）普通机动车辆与有轨电车在专用道路上的最大混行比率。主要用来衡量在不影响交通安全和有轨电车信号优先方案实施的情况下，允许普通机动车辆或特种车辆占用有轨电车专用车道的空间范围与时间跨度。

4）有轨电车发车间隔的增加率。随着有轨电车信号优先方案的实施，发车的间隔可以大幅度缩短，单线的客运能力大大增强。此指标用来衡量有轨电车发车频率的改变量（实际客运能力还与具体电车的设计方案与编组数目有关）。

当然，评价一套有轨电车信号优先系统的优劣不能仅仅依靠以上几个指标，还要考虑到这套系统是否符合智能交通系统的发展规律，是否有较好的兼容性、可扩展性和人性化环节。例如，是否可以增加车-车通信协议，发车频率和信号方案是否联动，以及是否可以实现有轨电车线路网的区域性优化等等。智能交通系统是智慧城市建设中的一部分重要内容，允许管理者通过海量交通数据进行深入挖掘，找到交通环境在设计过程中很难发现的问题并提出解决方案。智能化、人文化的有轨电车信号的发展，也需要在设计过程中，就提供数据管理功能并为接入整个城市的大数据分析平台提供良好的接口，以便为自身的升级提供便利，从而更好地降低污染、提高智能化和人性化程度。

第9章 实际案例

本章以苏州高新区有轨电车1号线为例，介绍有轨电车信号的优先设计。该线路途经平交道口多达26个，因此一个高效、安全的平交道口信号控制子系统，对于在不影响道路车辆运行的前提下，提升有轨电车运能、保障交通安全方面至关重要。

9.1 有轨电车信号优先设计思路

9.1.1 平交道口现场设备布置

1. 车-地信息传输线圈的布置

车-地信息传输线圈（检测器）的具体布置是在每个路口布置4个，分别用来检测双向有轨电车即将进入道口和已经通过道口的状态。检测有轨电车已经通过道口状态的检测器均布置在离开平交道口的位置。根据平交道口的实际情况，检测有轨电车即将进入平交道口的检测器的布置位置分为两种：

1）如果有轨电车车站到平交道口的距离小于200m，且有轨电车出站的方向会经过该平交道口，那么就将有轨电车检测器放置于停车位置。为达到信号优先效果，驾驶员应在发车前15～20秒按压发车按钮，触发有轨电车优先请求信号。

2）在其他情况下，将有轨电车检测器安装于距离路口200m处。当有轨电车经过时，有轨电车检测器可检测到有轨电车并向道路交通管理系统发送有轨电车优先请求信号。图9-1和图9-2分别所示为两种不同类型路口的有轨电车车-地信息传输线圈的布置示意图。

2. 有轨电车专用信号机的布置

与车-地信息传输线圈的布置类似，有轨电车专用信号机的布置也分为两种情况。

第一种为放置于平交道口的有轨电车专用信号机，用来指示驾驶员当前是否可以通过本平交道口，在此我们命名为通过信号机。通过信号机包括F0停车、F1允许直行两个信号灯。

第二种为放置于距离平交道口170米处的预告信号机。当车-地信息传输线圈检测到有轨电车经过时，将该信息传送到平交道口信号控制器以后，控制器立刻点亮对应的预告信号机，提醒驾驶员已经接近平交道口，注意控制有轨电车车速。因为考虑到从车-地信息传输线圈检测到有轨电车经过到点亮预告信号机的整个过程需要一定的反应时间，故将预告信号

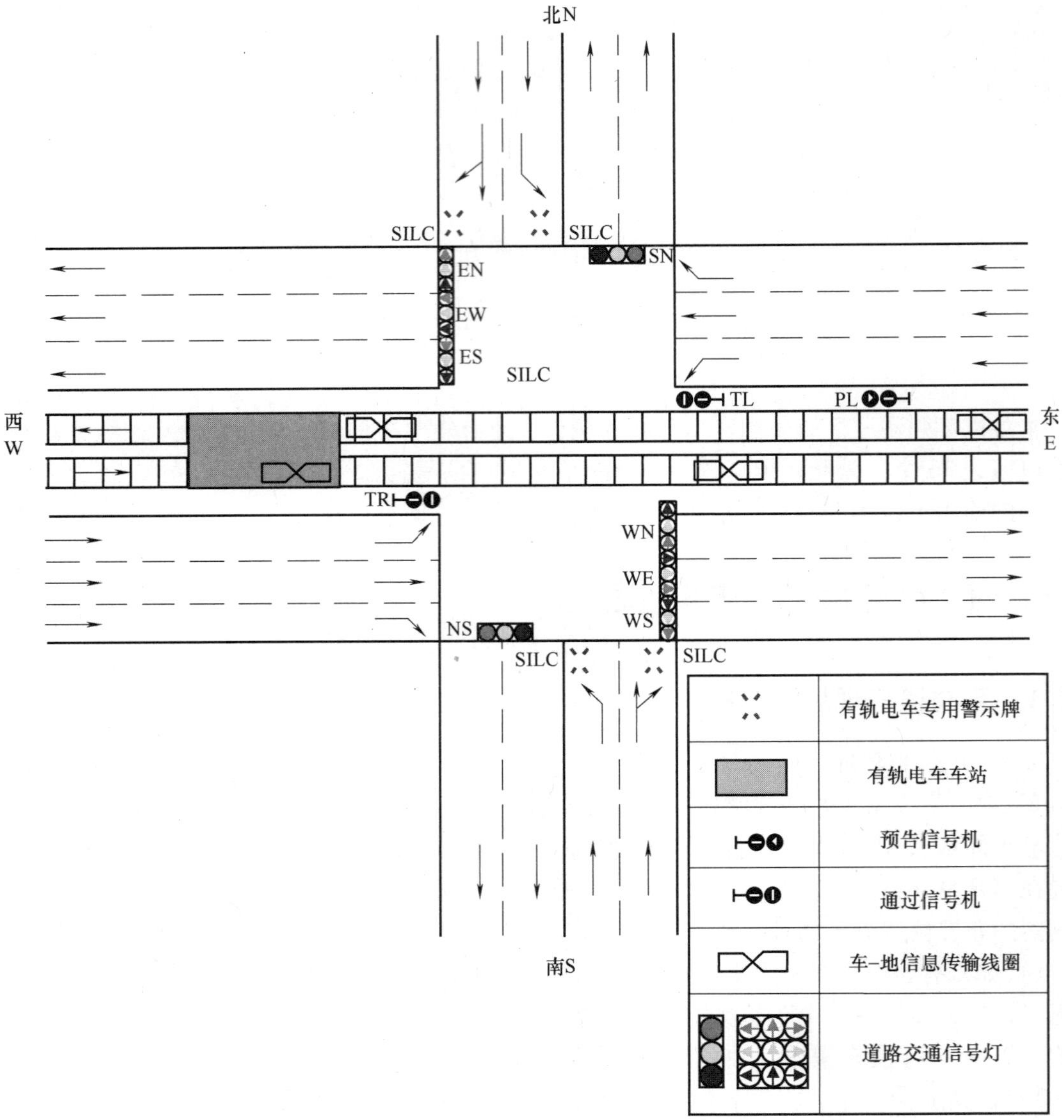

图 9-1　平交道口情况 1 车-地信息传输线圈布置示意图

机放置在比车-地信息传输线圈更接近平交道口 30m 左右的位置，以保证有轨电车驾驶员可以及时看到预告信号机的显示状态。预告信号机包括 F5 按照公路交规谨慎前行、F1 允许直行两个信号灯。

9.1.2　有轨电车专用信号灯与社会交通信号灯之间的逻辑控制关系

在初始状态或者某个方向（上行、下行）上，当有轨电车完全通过平交道口后，该方向的有轨电车专用预告信号机的 F5 按照道路交规谨慎前行信号灯、通过信号机的 F0 停车信号灯应保持点亮状态。有轨电车信号优先控制器应不向社会交通信号控制器发送优先请求信号，但应实时监测社会交通信号灯的状态，以随时判断有轨电车能否通行及信号优先的方式、方法。

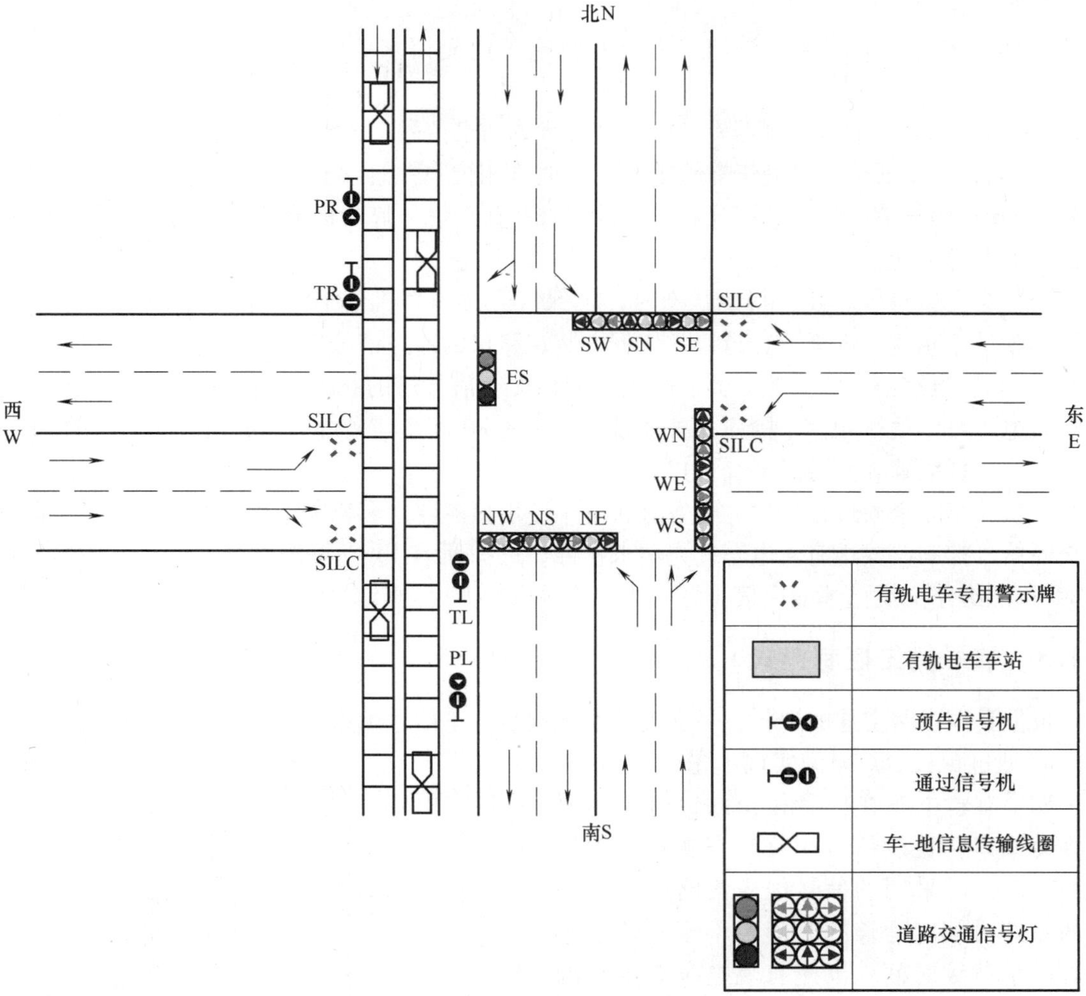

图 9-2 平交道口情况 2 车-地信息传输线圈布置示意图

在有轨电车通过有轨电车专用检测器（车-地信息传输线圈）时，获得有轨电车优先请求信号，有轨电车信号优先控制器应：

1）向社会交通信号控制器发送有轨电车优先请求信号。

2）当社会交通信号灯处于有轨电车可以通行相位、并且没有开始倒计时，则灭掉预告信号机的 F5 谨慎前行信号灯、通过信号机的 F0 停车信号灯，点亮预告信号机、通过信号机的 F1 直行信号灯，提醒驾驶员可以保持速度前行，快速通过平交道口。

当社会交通信号灯处于其他状态时，则保持预告信号机的 F5 按照道路交规谨慎前行信号灯、通过信号机的 F0 停车信号灯的点亮状态，提醒驾驶员应减速行进至平交道口，依据安装在路口的通过信号机状态通过平交道口。

3）有轨电车信号优先控制器实时监测社会交通信号灯的状态，当社会交通信号灯转换到有轨电车可以通行相位，则应灭掉预告信号机的 F5 谨慎前行信号灯、通过信号机的 F0 停车信号灯，点亮预告信号机和通过信号机的 F1 直行信号灯，提醒驾驶员通过平交道口。

对于车站距离平交道口小于200m且出站方向是进入平交道口方向的情况，驾驶员应在发车前一定时间按压发车按钮，发出有轨电车优先请求信号，有轨电车信号优先控制器应：

1）向社会交通信号控制器发送有轨电车优先请求信号。

2）当社会交通信号灯处于有轨电车可以通行相位、并且没有开始倒计时，则灭掉通过信号机的F0停车信号灯，点亮通过信号机的F1直行信号灯，提醒驾驶员可以保持速度前行，快速通过平交道口。

当社会交通信号灯处于其他状态时，则保持通过信号机的F0停车信号灯的点亮状态，提醒驾驶员应减速行进至平交道口，依据安装在路口的通过信号机状态通过平交道口。

3）有轨电车信号优先控制器实时监测社会交通信号灯的状态，当社会交通信号灯转换到有轨电车可以通行相位，则应灭掉通过信号机的F0停车信号灯，点亮通过信号机的F1直行信号灯，提醒驾驶员通过平交道口。

有轨电车完全通过路口后，触发有轨电车专用检测器，有轨电车优先控制器应停止向社会交通信号控制器发送有轨电车优先请求信号，灭掉所有F1直行信号灯，点亮预告信号机的F5按照道路交规谨慎前行信号灯、通过信号机的F0停车信号灯。

9.1.3 信号优先控制模式

根据我国道路交通的现状，平交道口实现有轨电车信号优先主要有以下三种方式：

1. 通过延长绿灯时间实现优先

如果有轨电车在信号相位的绿灯结束时达到交叉口，且该信号相位与有轨电车信号无冲突，这时采用的信号优先策略是延长原有的绿灯时间，延长的时间不小于有轨电车绿灯最小持续时间，以使有轨电车有足够的时间通过交叉口。当有轨电车通过交叉口后，控制系统将恢复原有的信号配时。通过延长绿灯时间实现信息优先控制的示意图如图9-3所示。

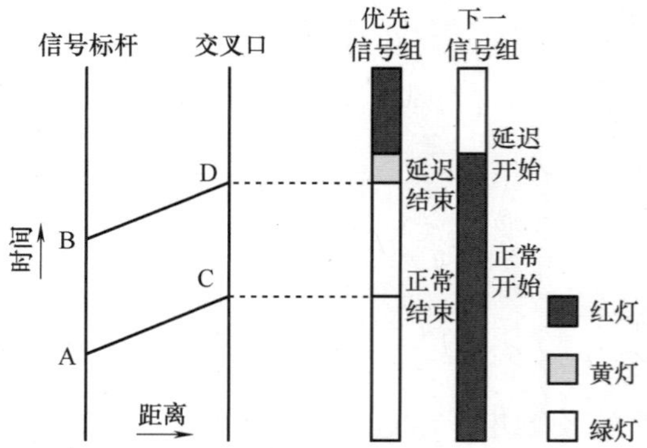

图9-3 通过延长绿灯时间实现信号优先控制的示意图

2. 通过缩短当前相位实现信号优先

当有轨电车在交通信号灯为红灯时到达交叉口，且下一信号相位与有轨电车信号无冲突时，可以通过缩短当前的相位，使下一个绿灯相位提前的方式来实现有轨电车信号优先。通过缩短当前相位实现信号优先控制的示意图如图9-4所示。

3. 通过插入专用相位实现信号优先

当有轨电车在交通信号灯为红灯时到达交叉口，且下一个相位仍然不允许有轨电车放行时，要实现信号优先，必须在当前相位和下一个相位之间插入一个有轨电车专用相位，此相位仅允许有轨电车通行，时间不小于有轨电车绿灯最小持续时间。有轨电车通过交叉口后，控制系统将恢复原有的信号配时。通过插入有轨电车专用相位实现信号优先控制的示意图如图9-5所示。

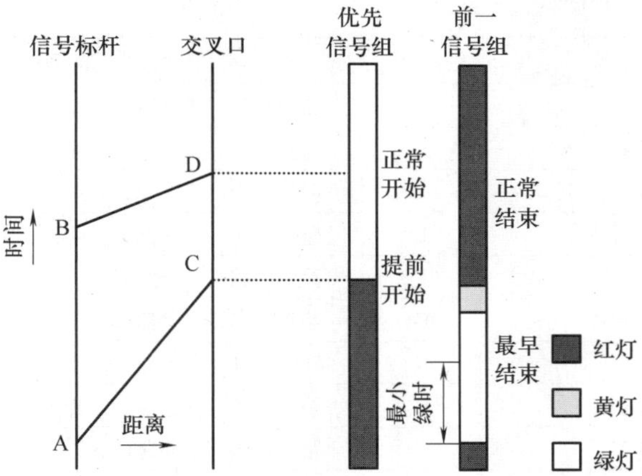

图9-4　通过缩短当前相位实现信号优先控制的示意图

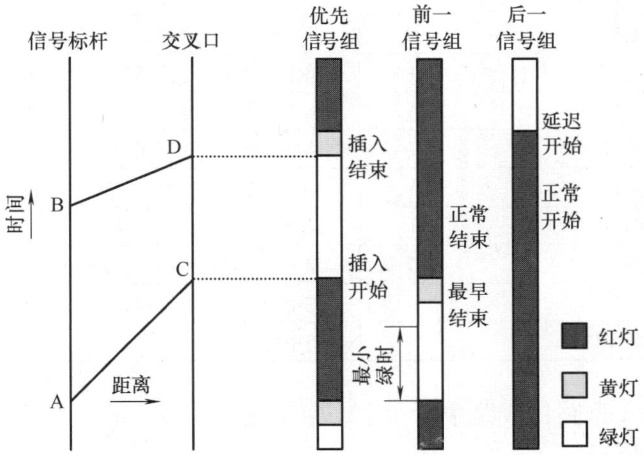

图9-5　通过插入专用相位实现信息优先控制的示意图

9.2　各类型平交道口设备布置及路口相位

鉴于本有轨电车线路经过的平交道口多达26处，依照行车方式、路口类型、车站距离、路口距离和相位数量等原则，对所有路口进行了分类，分为A到I共9种类型。全线平交道口的情况见表9-1。

表9-1　全线平交道口的情况

编　　号	平交道口名称	路口类型	类 型 说 明
1	太湖大道龙安路口	A	路中行车，十字路口，距车站小于200m，三相位
2	太湖大道230省道口	B	路中行车，十字路口，距车站大于200m，三相位
3	太湖大道嘉陵江路口	A	路中行车，十字路口，距车站小于200m，三相位
4	太湖大道龙山路口	C	路中行车，十字路口，距车站小于200m，四相位
5	太湖大道锦峰路口	C	路中行车，十字路口，距车站小于200m，四相位

（续）

编号	平交道口名称	路口类型	类型说明
6	太湖大道横一路口	B	路中行车，十字路口，距车站大于200m，三相位
7	太湖大道纵四路口	D	路侧行车，十字路口，距车站小于200m，三相位
8	太湖大道纵七路口	E	路侧行车，十字路口，距车站大于200m，三相位
9	建林路马涧路口	E	路侧行车，十字路口，距车站大于200m，三相位
10	华山路建林路口	F	路侧转路中，十字路口，距车站小于200m，五相位
11	华山路增加交叉口一口	G	路中行车，三岔路口，距车站小于200m，三相位
12	华山路朝红路口	G	路中行车，三岔路口，距车站小于200m，三相位
13	华山路 Y302 路口	H	路中行车，三岔路口，距车站大于200m，三相位
14	华山路规划路 3 口	A	路中行车，十字路口，距车站小于200m，三相位
15	华山路规划路 4 口	G	路中行车，三岔路口，距车站小于200m，三相位
16	华山路规划路 5 口	A	路中行车，十字路口，距车站小于200m，三相位
17	湘江路华山路口	I	路中转路中，十字路口，距车站大于200m，四相位
18	湘江路木桥街口	H	路中行车，三岔路口，距车站大于200m，三相位
19	何山路湘江路口	I	路中转路中，十字路口，距车站大于200m，四相位
20	何山路金枫路口	A	路中行车，十字路口，距车站小于200m，三相位
21	珠江路何山路口	I	路中转路中，十字路口，距车站大于200m，四相位
22	珠江路邓慰路口	A	路中行车，十字路口，距车站小于200m，三相位
23	珠江路金山路口	I	路中转路中，十字路口，距车站大于200m，四相位
24	金山路规划路 6 口	G	路中行车，三岔路口，距车站小于200m，三相位
25	金山路规划路 7 口	G	路中行车，三岔路口，距车站小于200m，三相位
26	金山路规划路 8 口	G	路中行车，三岔路口，距车站小于200m，三相位

（1）A 型路口　A 型路口：路中，十字，距车站小于200m，三相位。A 型平交道口的设备布置图如图 9-6 所示。

图 9-6 中 TR、TL 为平交道口通过信号机，PL 为预告信号机，SILC 为有轨电车专用警示牌。

A 型平交道口的相位设计见表 9-2。

表 9-2　A 型平交道口的相位设计

相位名称	相位简称	相位放行方向	相位持续时间/s
A	东西向直行	EW 直行放行，WE 直行放行 有轨电车 TR 放行，有轨电车 TL 放行 EN 右转延迟放行，NW 右转延迟放行 WS 右转延迟放行，SE 右转延迟放行	
B	东西向左转	ES 左转放行，WN 左转放行 SE 右转放行，NW 右转放行 WS 右转延迟放行，EN 右转延迟放行	
C	南北向通行	NS 放行，SN 放行 WS 右转延迟放行，SE 右转延迟放行 EN 右转延迟放行，NW 右转延迟放行	

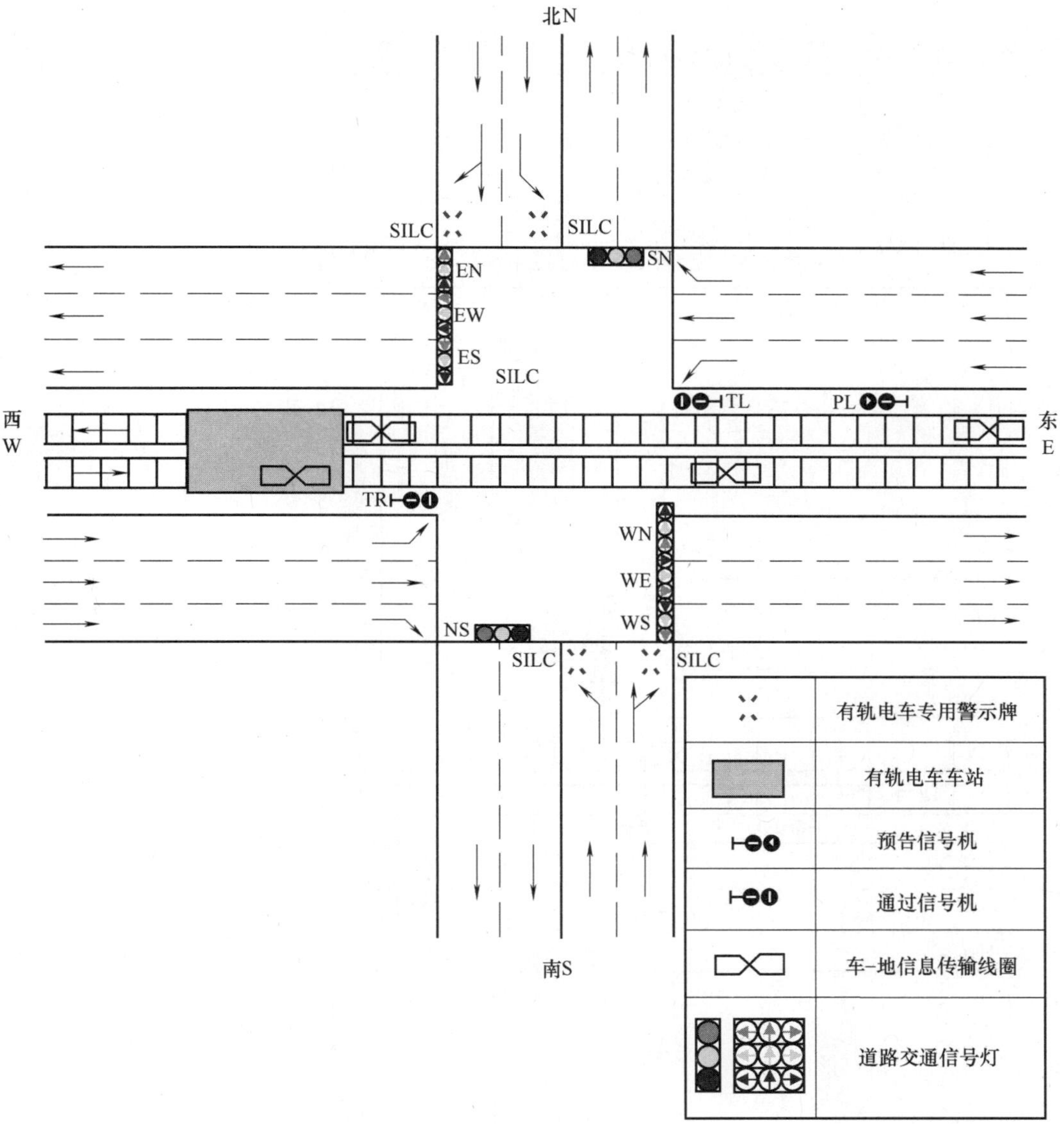

图9-6 A型平交道口的设备布置图

（2）B型路口 B型路口：路中，十字，距车站大于200m，三相位。B型平交道口的设备布置图如图9-7所示。

B型平交道口的相位设计见表9-3。

表9-3 B型平交道口的相位设计

相位名称	相位简称	相位放行方向	相位持续时间/s
A	东西向直行	EW直行放行，WE直行放行 有轨电车TR放行，有轨电车TL放行 EN右转延迟放行，NW右转延迟放行 WS右转延迟放行，SE右转延迟放行	

（续）

相位名称	相位简称	相位放行方向	相位持续时间/s
B	东西向左转	ES 左转放行，WN 左转放行 SE 右转放行，NW 右转放行 WS 右转延迟放行，EN 右转延迟放行	
C	南北向通行	NS 通行，SN 通行 WS 右转延迟放行，EN 右转延迟放行	

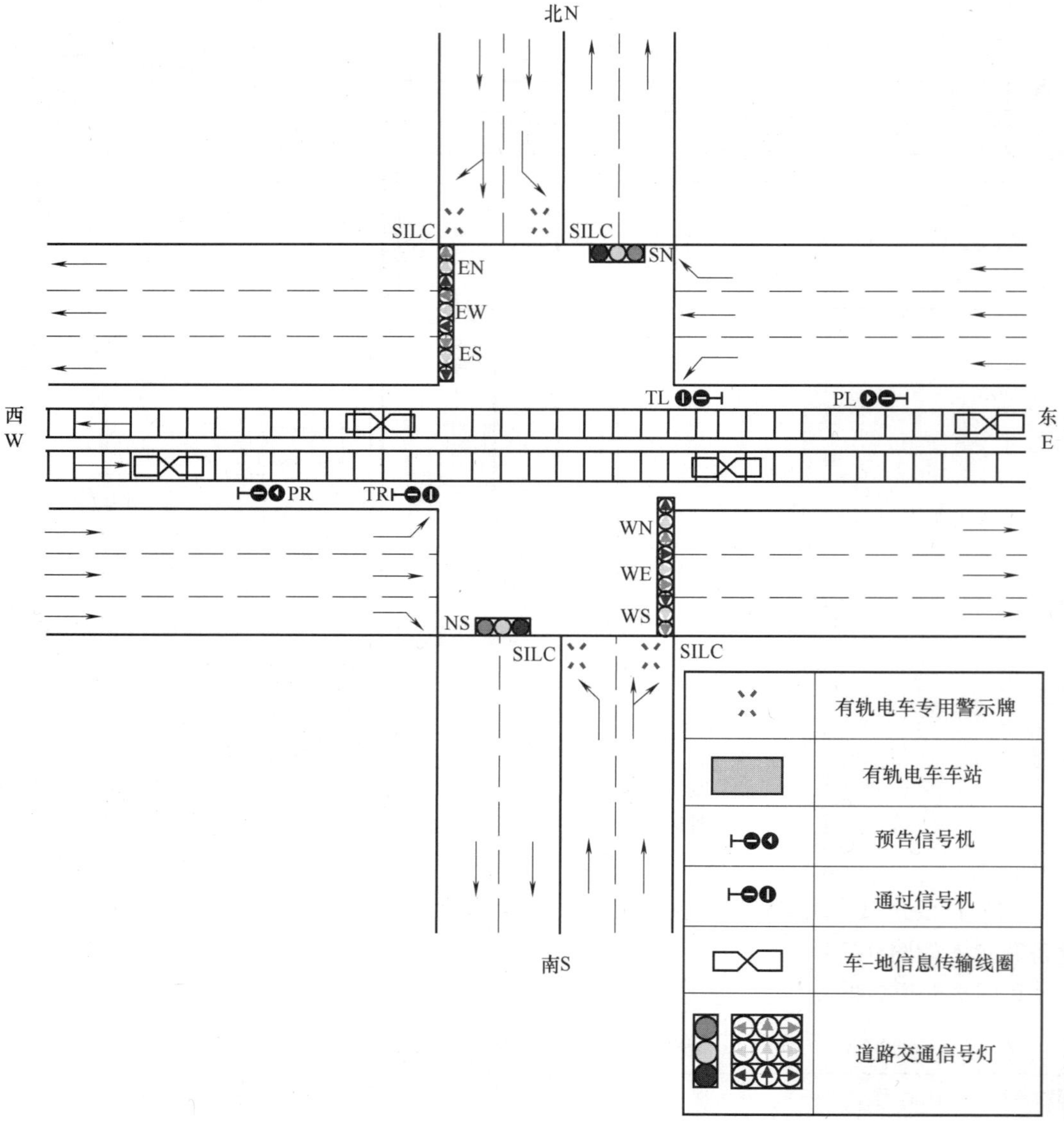

图 9-7　B 型平交道口的设备布置图

（3）C 型路口　C 型路口：路中，十字，距车站小于 200m，四相位。C 型平交道口的设备布置图如图 9-8 所示。

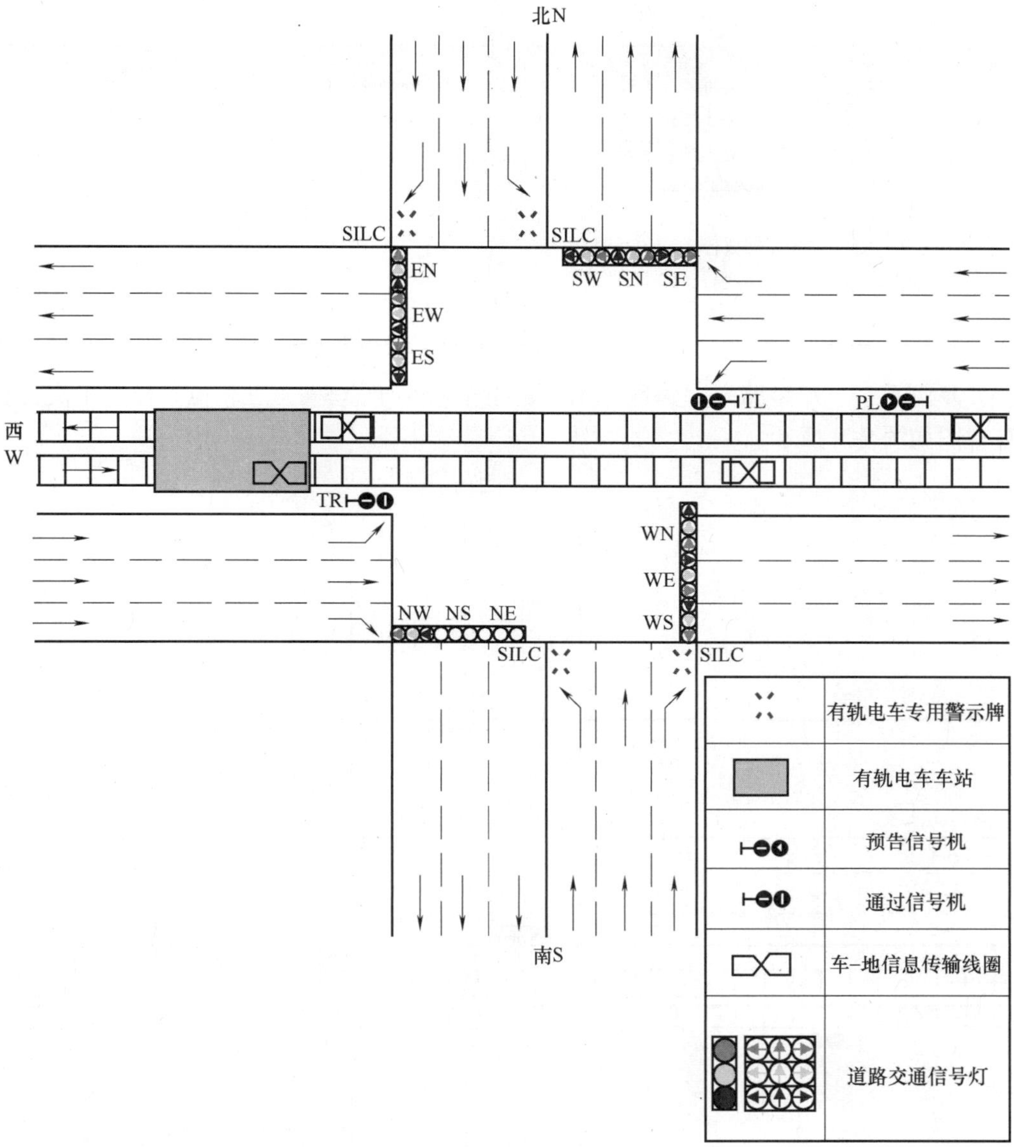

图9-8 C型平交道口的设备布置图

C型平交道口的相位设计见表9-4。

表9-4 C型平交道口的相位设计

相位名称	相位简称	相位放行方向	相位持续时间/s
A	东西向直行	EW直行放行，WE直行放行 有轨电车TR放行，有轨电车TL放行 EN右转延迟放行，NW右转延迟放行 WS右转延迟放行，SE右转延迟放行	
B	东西向左转	ES左转放行，WN左转放行 SE右转放行，NW右转放行 WS右转延迟放行，EN右转延迟放行	

（续）

相位名称	相位简称	相位放行方向	相位持续时间/s
C	南北向直行	NS 直行放行，SN 直行放行 WS 右转延迟放行，SE 右转延迟放行 EN 右转延迟放行，NW 右转延迟放行	
D	南北向左转	NE 左转放行，SW 左转放行 EN 右转放行，WS 右转放行 SE 右转延迟放行，NW 右转延迟放行	

（4）D 型路口　D 型路口：路侧，十字，距车站小于 200m，三相位。D 型平交道口的设备布置图如图 9-9 所示。

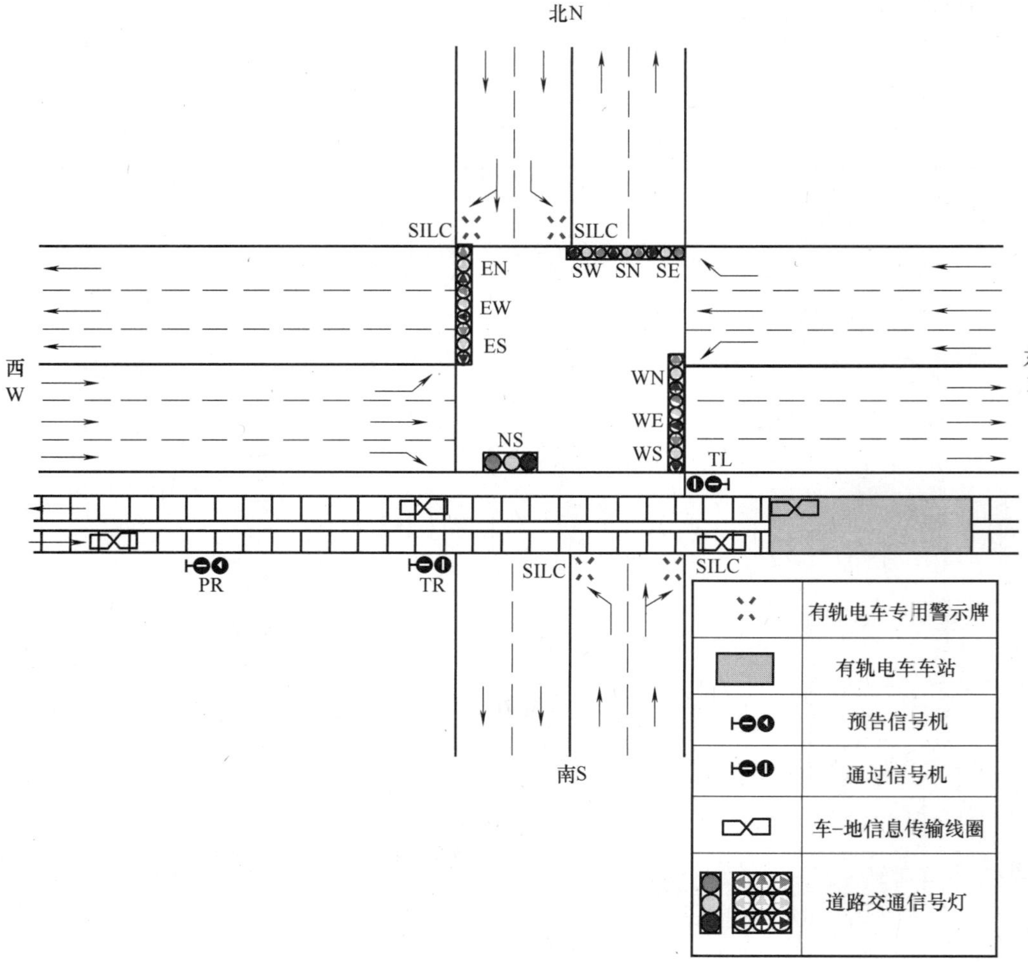

图 9-9　D 型平交道口的设备布置图

D 型平交道口的相位设计见表 9-5。

（5）E 型路口　E 型路口：路侧，十字，距车站大于 200m，三相位。E 型平交道口的设备布置图如图 9-10 所示。

表 9-5　D 型平交道口的相位设计

相位名称	相位简称	相位放行方向	相位持续时间/s
A	东西向直行	EW 直行放行，WE 直行放行 有轨电车 TR 放行，有轨电车 TL 放行 EN 右转延迟放行	
B	东西向左转	ES 左转放行，WN 左转放行 SE 右转放行 WS 右转延迟放行，EN 右转延迟放行	
C	南北向通行	NS 放行，SN 放行 WS 右转延迟放行，SE 右转延迟放行 EN 右转延迟放行	

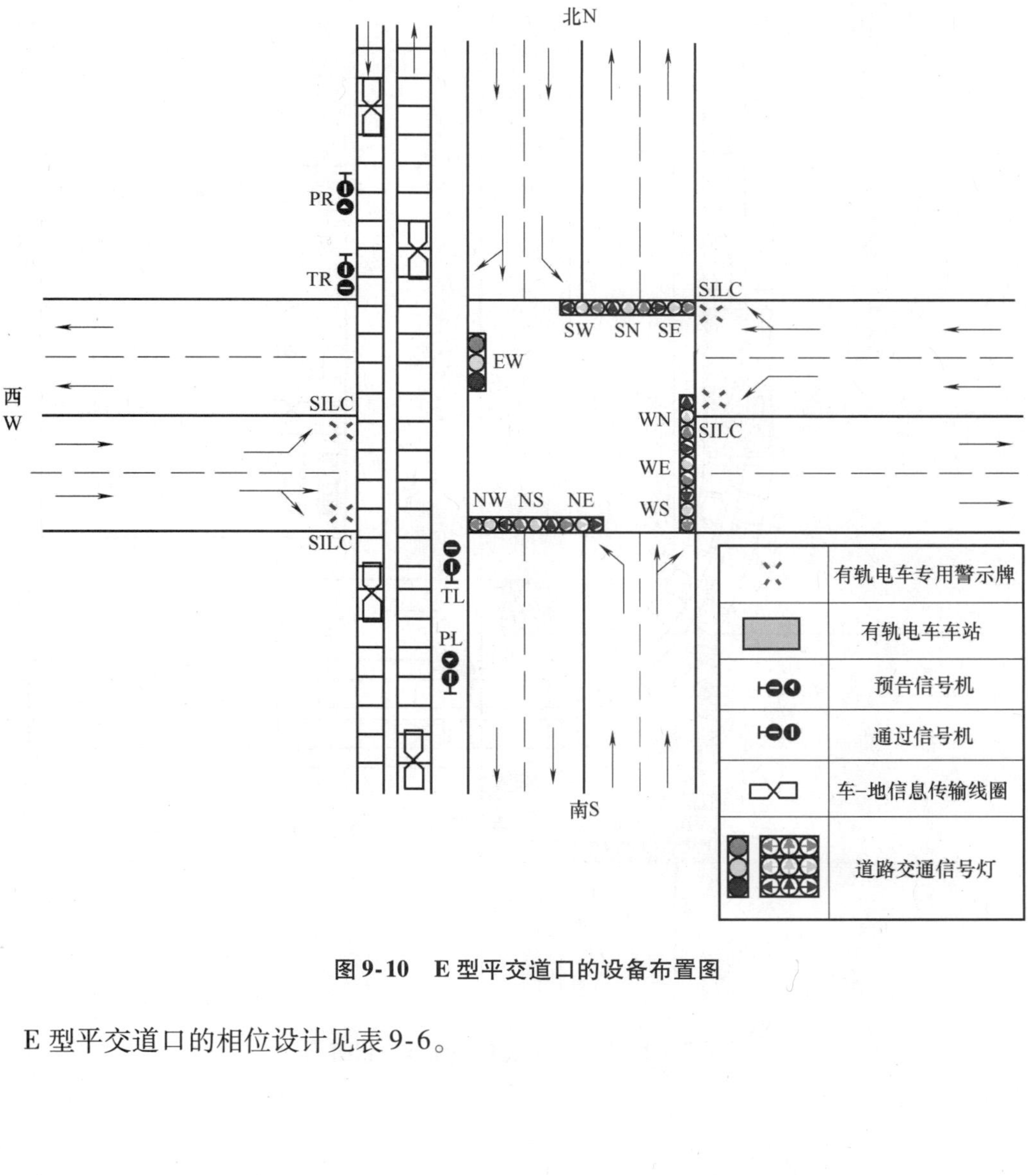

图 9-10　E 型平交道口的设备布置图

E 型平交道口的相位设计见表 9-6。

表 9-6　E 型平交道口的相位设计

相位名称	相 位 简 称	相位放行方向	相位持续时间/s
A	东西向通行	EW 放行，WE 放行 WS 右转延迟放行，SE 右转延迟放行 NW 右转延迟放行	
B	南北向直行	NS 直行放行，SN 直行放行 有轨电车 TR 放行，有轨电车 TL 放行 SE 右转延迟放行	
C	南北向左转	SW 左转放行，NE 左转放行 WS 右转放行 SE 右转延迟放行，NW 右转延迟放行	

（6）F 型路口　F 型路口：路侧转路中，十字，距车站小于200m，五相位。F 型平交道口的设备布置图如图 9-11 所示。

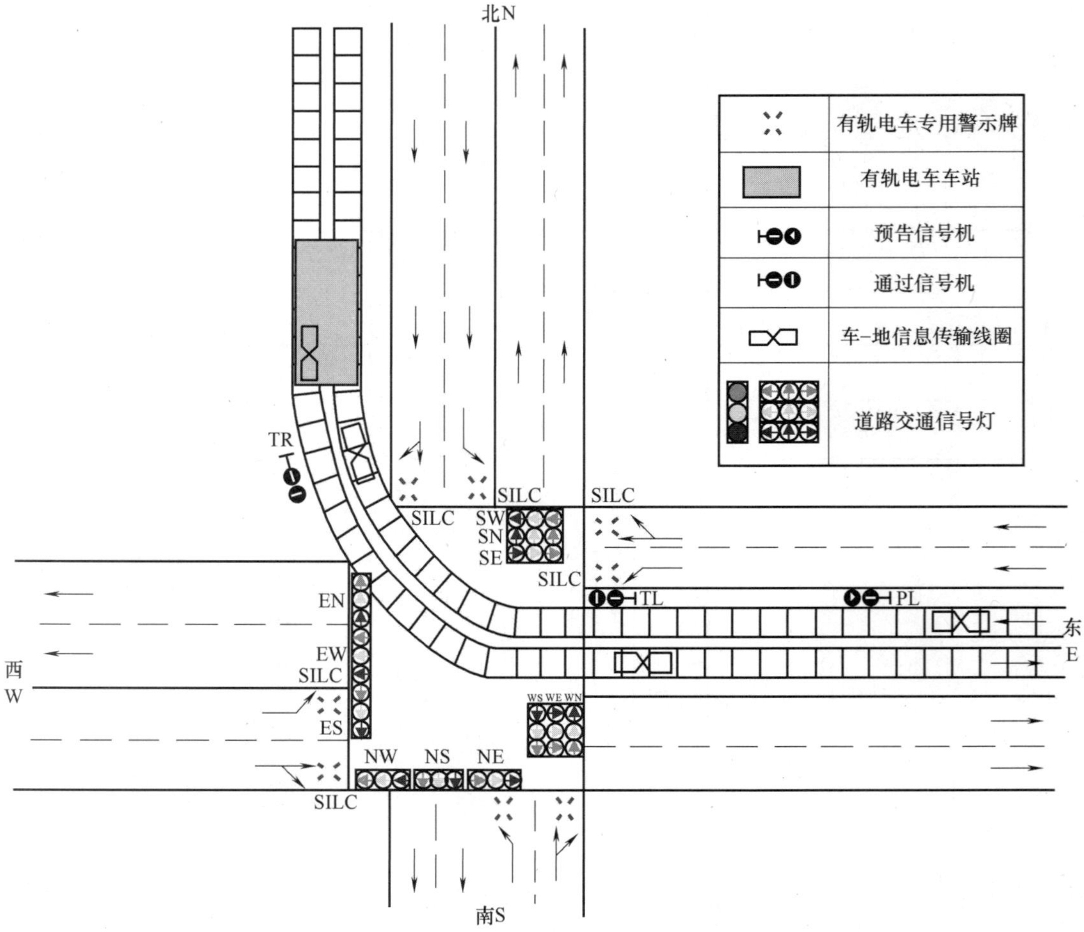

图 9-11　F 型平交道口的设备布置图

F型平交道口的相位设计见表9-7。

表9-7 F型平交道口的相位设计

相位名称	相位简称	相位放行方向	相位持续时间/s
A	东西向直行	EW直行放行，WE直行放行 EN右转延迟放行，WS右转延迟放行 NW右转延迟放行，SE右转延迟放行	
B	有轨电车相位	WE直行放行 有轨电车TR放行，有轨电车TL放行 SE右转延迟放行，WS右转延迟放行 EN右转放行	
C	东西向左转	WN左转放行，ES左转放行 NW右转放行，SE右转放行 EN右转延迟放行，WS右转延迟放行	
D	南北向直行	NS直行放行，SN直行放行 NW右转延迟放行，SE右转延迟放行 EN右转延迟放行，WS右转延迟放行	
E	南北向左转	NE左转放行，SW左转放行 WS右转放行，EN右转放行 NW右转延迟放行，SE右转延迟放行	

（7）G型路口　G型路口：路中，三岔，距车站小于200m，三相位。G型平交道口的设备布置图如图9-12所示。

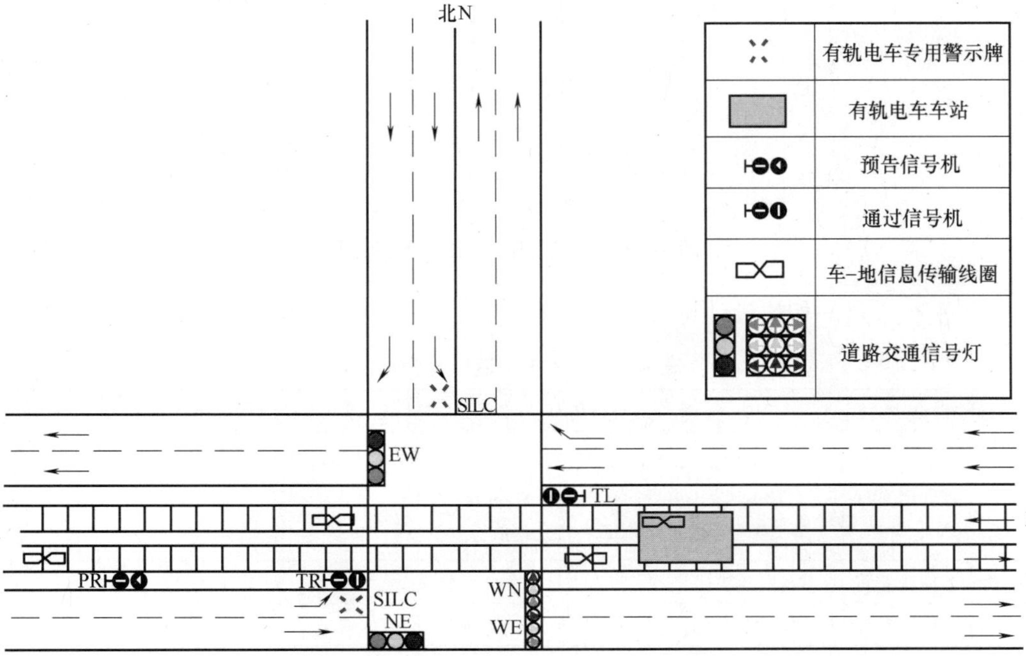

图9-12 G型平交道口的设备布置图

G 型平交道口的相位设计见表 9-8。

表 9-8　G 型平交道口的相位设计

相位名称	相 位 简 称	相位放行方向	相位持续时间/s
A	东西向直行	EW 直行放行，WE 直行放行 有轨电车 TR 放行，有轨电车 TL 放行 EN 右转延迟放行，NW 右转延迟放行	
B	西向北左转	WN 左转放行	
C	北向东左转	NE 左转放行	

（8）H 型路口　H 型路口：路中，三岔，距车站大于 200m，三相位。H 型平交道口的设备布置图如图 9-13 所示。

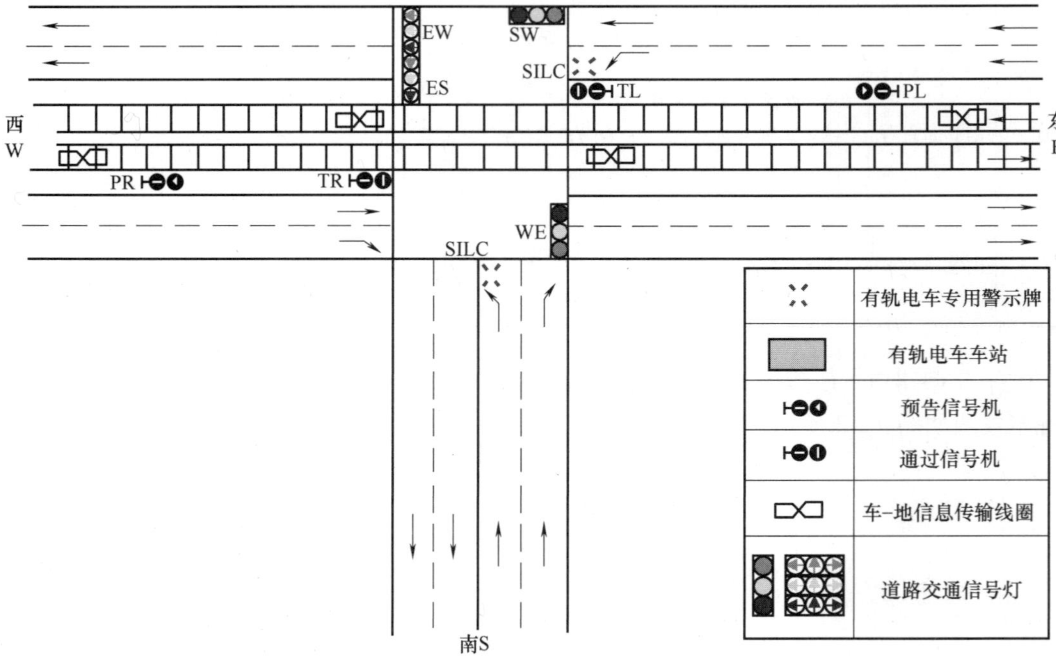

图 9-13　H 型平交道口的设备布置图

H 型平交道口的相位设计见表 9-9。

表 9-9　H 型平交道口的相位设计

相位名称	相 位 简 称	相位放行方向	相位持续时间/s
A	东西向直行	EW 直行放行，WE 直行放行 有轨电车 TR 放行，有轨电车 TL 放行 WS 右转延迟放行，SE 右转延迟放行	
B	东向南左转	ES 左转放行	
C	南向西左转	SW 左转放行	

（9）I 型路口　I 型路口：路中转路中，十字，距车站大于 200m，四相位。I 型平交道

口的设备布置图如图 9-14 所示。

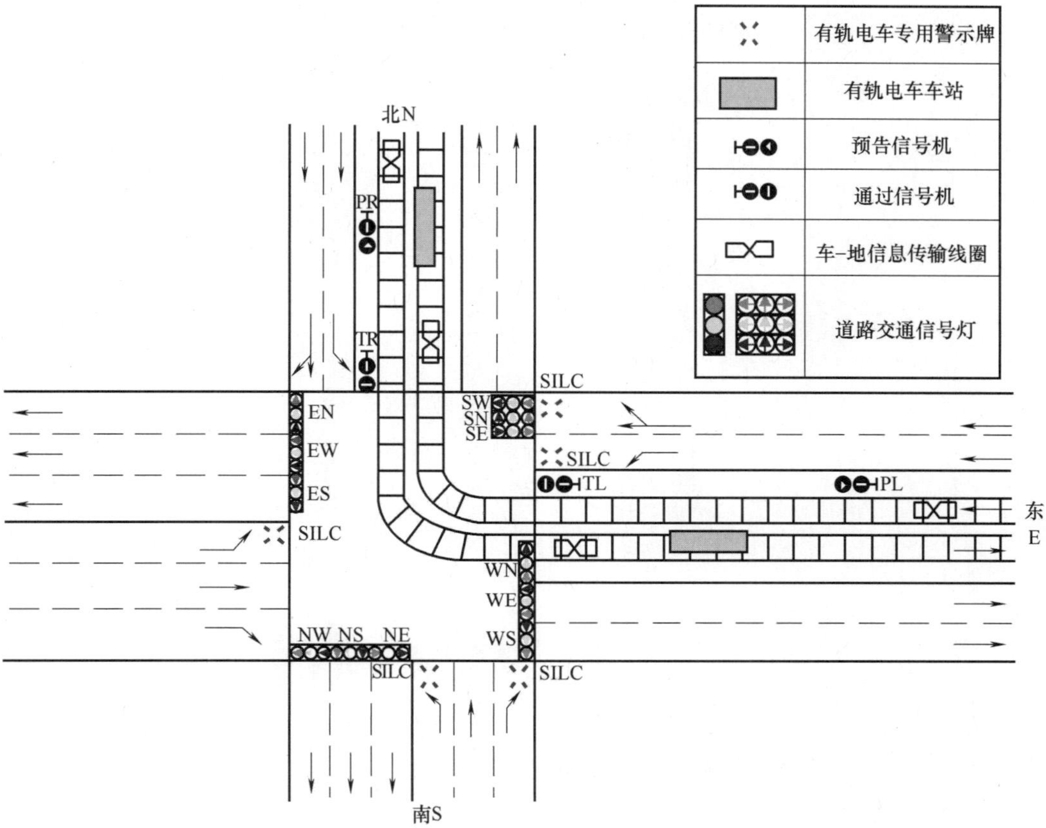

图 9-14　I 型平交道口的设备布置图

I 型平交道口的相位设计见表 9-10。

表 9-10　I 型平交道口的相位设计

相位名称	相位简称	相位放行方向	相位持续时间/s
A	东西向直行	EW 直行放行，WE 直行放行 EN 右转延迟放行，WS 右转延迟放行 NW 右转延迟放行，SE 右转延迟放行	
B	东西向左转	WN 左转放行，ES 左转放行 NW 右转放行，SE 右转放行 EN 右转延迟放行，WS 右转延迟放行	
C	南北向直行	NS 直行放行，SN 直行放行 NW 右转延迟放行，SE 右转延迟放行 EN 右转延迟放行，WS 右转延迟放行	
D	南北向左转	NE 左转放行，SW 左转放行 有轨电车 TR 放行，有轨电车 TL 放行 WS 右转放行，EN 右转放行 NW 右转延迟放行，SE 右转延迟放行	

第 3 篇

现代有轨电车通信和相关弱电系统

第10章 通信系统结构

典型有轨电车通信系统的组成如图10-1所示。

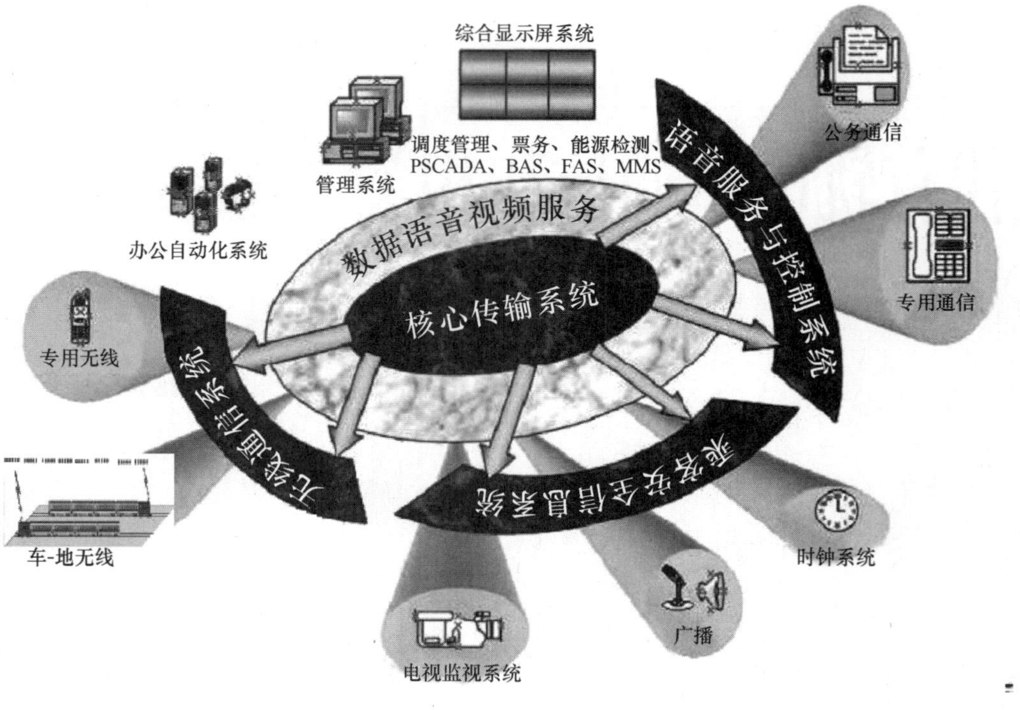

图10-1 典型有轨电车通信系统的组成

PSCADA—电力监控系统 BAS—环境与设备监控系统

FAS—火灾报警系统 MMS—多媒体管理系统

有轨电车通信系统是有轨电车安全、高效运营的最佳保障。其基本架构以骨干传输网为核心，以无线通信、乘客安全信息、语音服务与控制为主要功能，根据需要增加各种通信系统、信息系统、安全系统和管理系统。通常包含以下子系统：传输系统、语音服务与控制系统（公务电话、专用电话系统）、乘客安全信息系统（电视监视、广播、时钟系统、乘客信息系统）、无线通信系统（专用无线语音、车-地无线网络系统）、管理系统（办公自动化、综合显示屏等）和支持系统（电源、防雷等系统）等。有轨电车通信系统的各部分组成十分灵活，实际工程中差别很大。

传输系统用于各站点之间各种信息，包括数字视频、音频信息及各种高低速数据信息的传递，是有轨电车通信系统的基础。传输系统应具有实时、透明、无阻塞和高可靠性的特点。典型通信系统传输网络结构如图 10-2 所示。

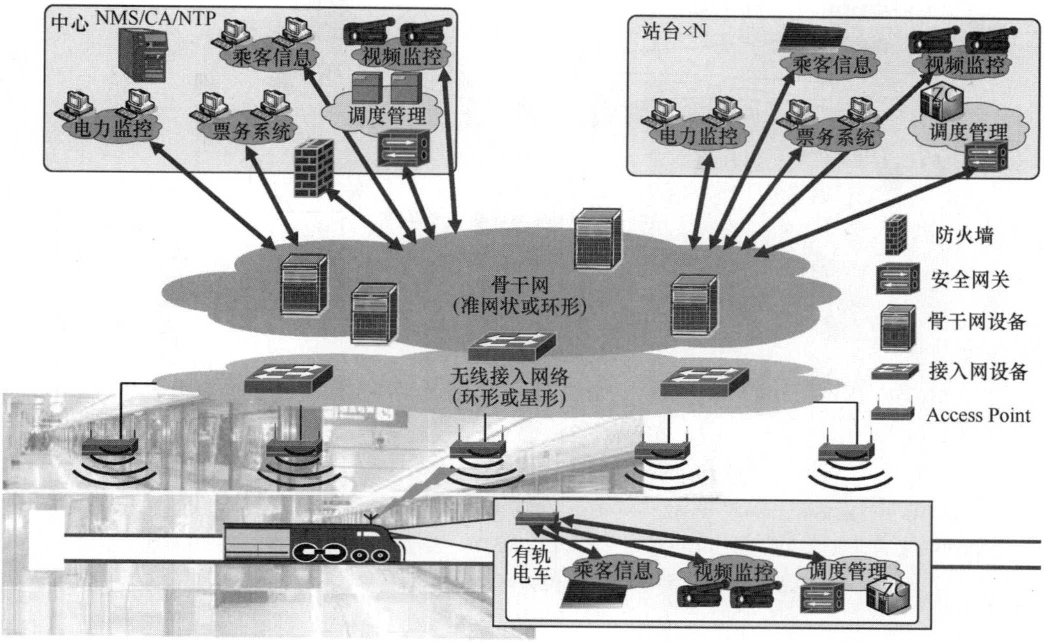

图 10-2　典型通信系统传输网络结构

NMS/CA/NTP—网络管理系统/验证授权/网络时间协议

公务通信系统主要用于有轨电车内部各部门间的电话联系，服务范围包括控制中心、始末车站、车辆段、停车场、综合交通枢纽和变电所等。公务电话系统采用数字程控交换机组网，与公用电话网连接，向有轨电车用户提供国内、国际长途和传真、数据等多种电信业务，如图 10-3 所示。

专用通信系统（见图 10-4）是控制中心调度员和车站/车辆段值班员指挥有轨电车运行和指导设备操作的重要通信工具，主要包括调度电话、局部电话、区间电话、站间行车电话和车站紧急电话五种应用。

专用无线通信系统提供固定人员（调度员、值班员）与流动人员（驾驶员、维修人员、列检人员）间及流动人员相互之间的通话及数据传输手段。系统必须提供选呼、组呼、全呼、紧急呼叫及呼叫优先级权限等调度通信功能，以及存储功能和监测功能，具备高可靠性，满足行车安全、应急抢险的需要。其网络结构如图 10-5 所示。

在正常情况下，广播系统向乘客通告有轨电车运行以及安全、向导等服务信息，向工作人员发布作业通知。其网络结构如图 10-6 所示。

时钟系统提供本线统一的时间信息，为调度管理系统、票务、电力监控系统（SCADA）、火灾报警系统（FAS）和环境与设备监控系统（BAS）等系统，以及通信各子系统网管终端提供统一的标准时间信息。其网络结构如图 10-7 所示。

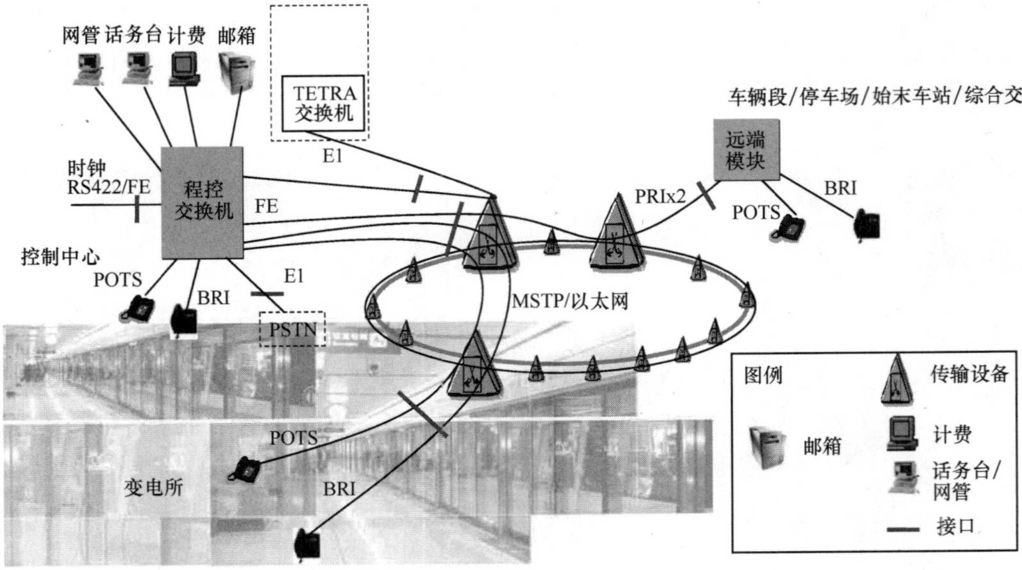

图 10-3 典型有轨电车公务通信系统结构

TETRA—泛欧集群无线电 RS422—平衡电压数字接口电路的电气特性标准 FE—快速以太网
POTS—普通老式电话业务 BRI—基本速率接口 MSTP—多业务传输平台 PRIx2—基群速率接口
PSTN—公用电话交换网 E1—电信标准

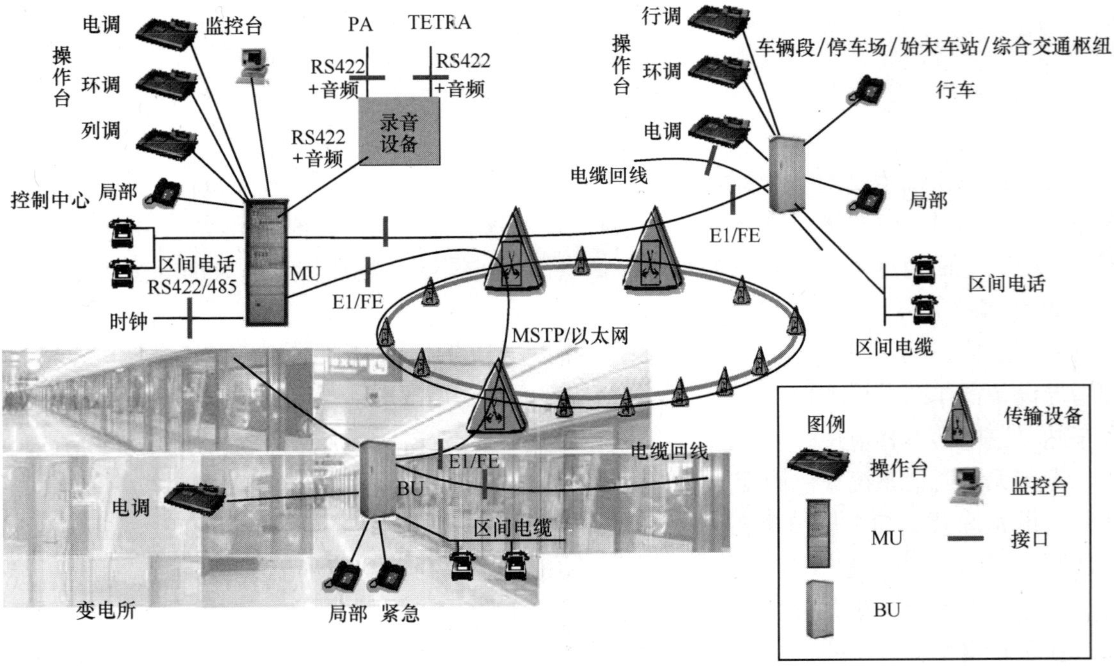

a)

图 10-4 典型有轨电车专用通信系统

a）网络结构

MU—光端主机 BU—分机 PA—广播

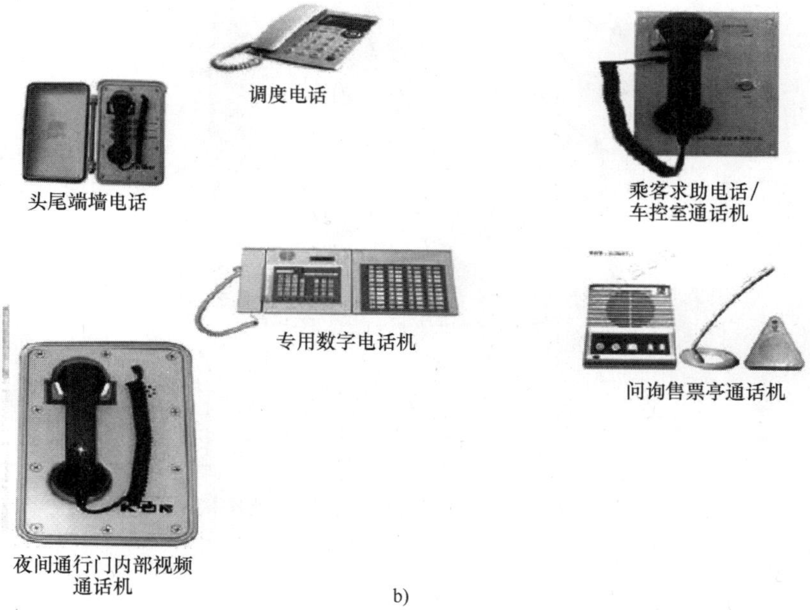

b)

图 10-4　典型有轨电车专用通信系统（续）

b）电话应用

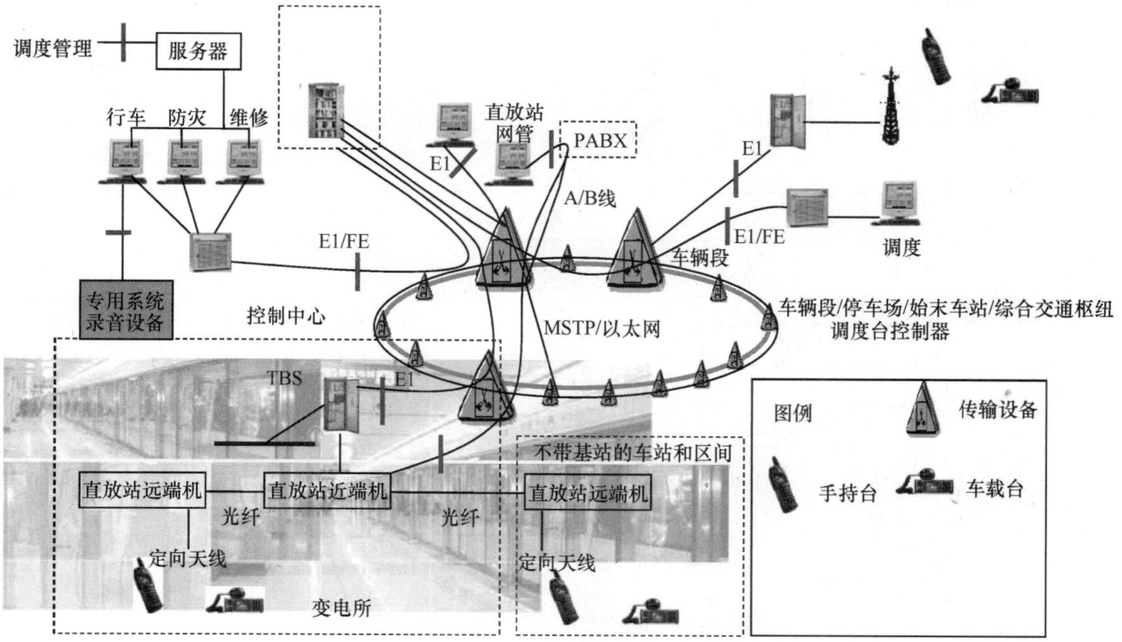

图 10-5　有轨电车专用无线通信系统网络结构

PABX—程控用户交换机

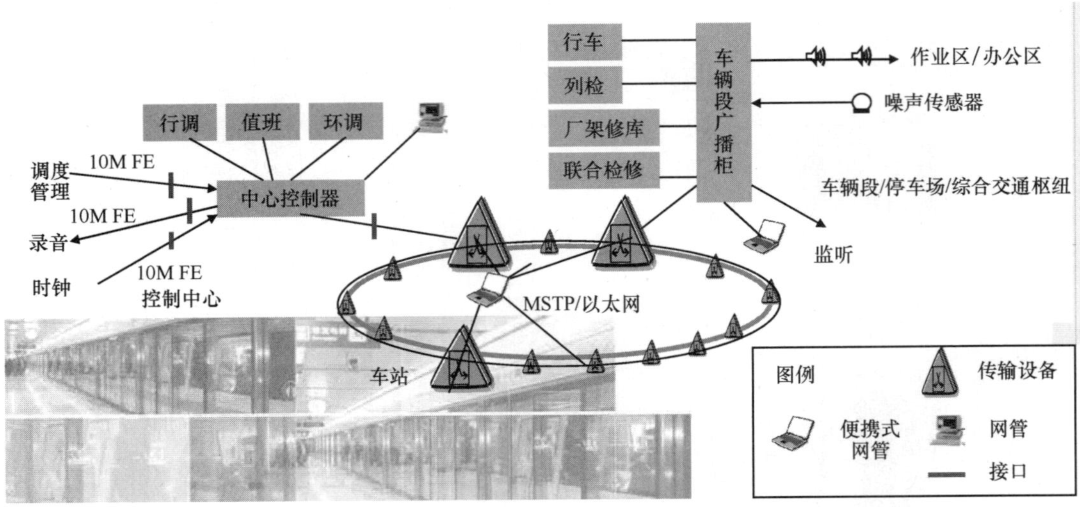

图 10-6 典型有轨电车广播系统网络结构

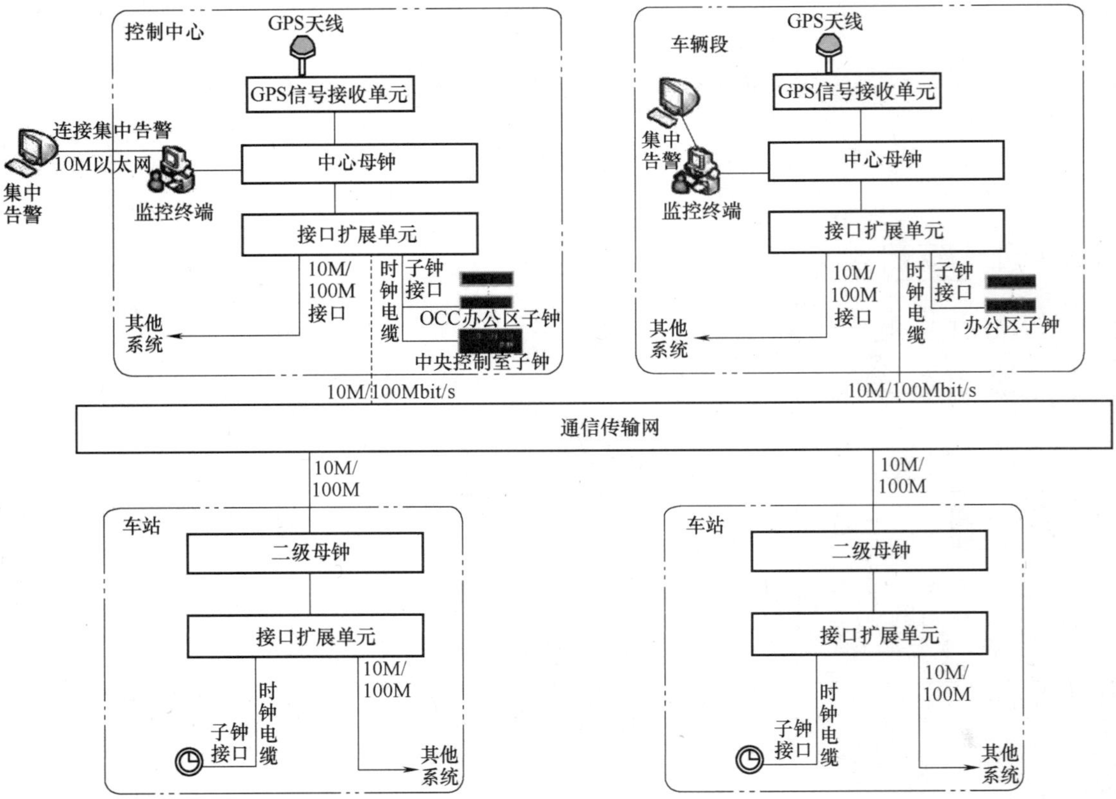

图 10-7 典型有轨电车时钟系统网络结构

通信电源系统承担着全线范围内所有车辆段、停车场、综合交通枢纽、变电所及控制中心通信设备的供电。系统须保证供电的可靠性和安全性，并具备集中监控管理功能。典型有轨电车通信电源结构如图 10-8 所示。

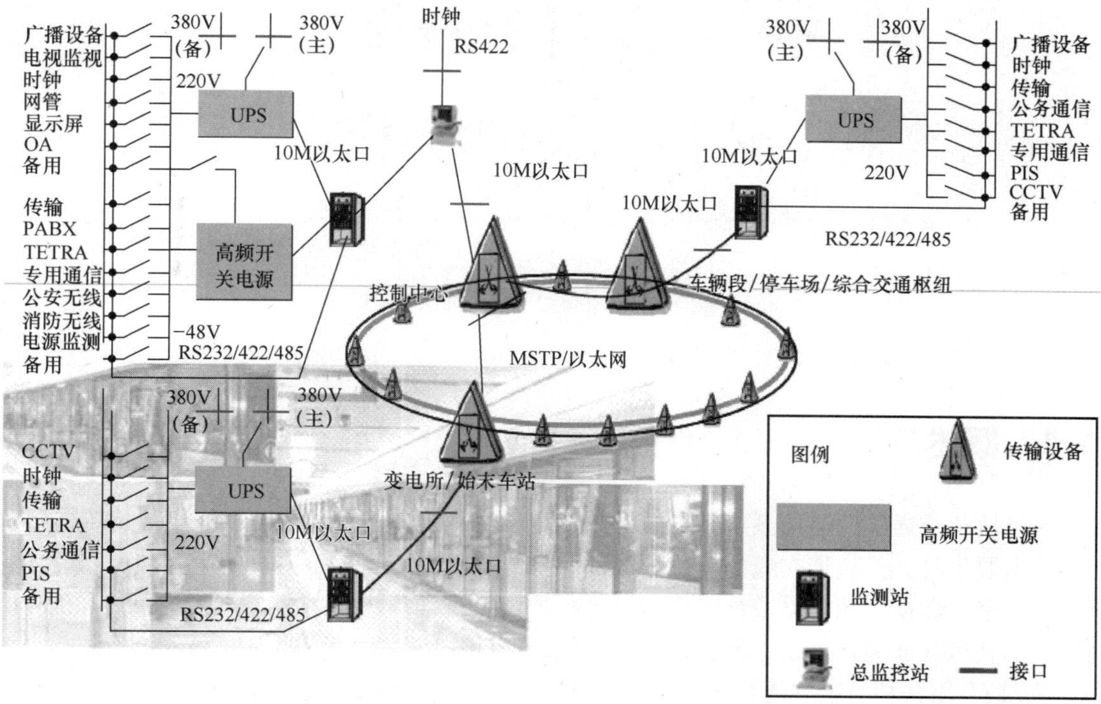

图 10-8　典型有轨电车通信电源结构

OA—办公自动化系统　CCTV—闭路电视监控系统　PIS—乘客信息系统

第11章 通信关键技术

11.1 概述

城市轨道交通中的通信系统是指挥列车运行和进行运营管理、公务联络，以及传递各种信息的重要工具，是轨道交通的重要组成部分。为确保列车高效、安全的运营和可靠地传递语音、文字、数据、图像以及计算机网络等各种信息，必须建立一个高可靠性、易扩充和组网灵活的轨道交通通信系统，而且对这一系统的设计，应满足如下要求：

1）是专用并相对独立的系统，能满足城市轨道交通行车、运营的通信要求，具有与公用网连接的条件。

2）在正常情况下能保证列车运营的安全，在灾害情况下能承担应急处理和有效疏散乘客的任务，能及时调度列车运行。

3）技术先进，有优良的性能价格比。

4）组网方案充分吸收国内外城市轻轨交通建设的经验，能够适应各种情况的变化，并满足国际、国内相关的规范和标准的要求。

5）具有扩容及联网的能力。

城市轨道交通通信系统通常由传输、无线通信、公务通信、广播、乘客导乘、闭路电视监视系统、电话系统、时钟系统和电源系统等组成，即具有专用通信、公务通信和信息传输三部分主要功能。其中，专用通信系统（包括调度电话、无线通信、电视监控、广播及导乘等系统）指用于直接与行车指挥密切相关的系统；公务通信系统则用于轨道车辆内部工作人员间的公务联络，并与市话局、相关交通线的联系；传输系统负责提供为轨道车辆服务的各类语音、文字、数据、图像及计算机网信息等各种信息的通道和接口。由此看来，传输系统在整个通信系统中，是为专用通信和公务通信提供通道和接口，占据着枢纽和灵魂的地位。因此，城市轨道交通通信组网应首先考虑传输系统的组网。

通信传输系统传输的信息包括：

1）各种调度电话的语音、控制信息：即列车调度、电力调度及防灾调度等电话系统总机至分机间的语音及控制信息。

2）控制中心无线集群交换机至各基站的数字中继及控制信息。

3）控制中心至各车站的时钟系统信息。

4）各种低速数据信息：包括列车自动控制系统（ATS）、电力、设备监控、防灾报警系统、自动售检票以及办公自动化（OA）等系统所需的数据信息。

5）控制中心至各车站的广播语音、控制信息：由系统提供的从控制中心至各车站的高质量的语音信道及低速数据控制信道传送。

6）公务通信交换机至各车站用户的信息：即为控制中心程控交换机至各车站、停车场、车辆段间的模拟 64kbit/s 的语音和综合数字信息。

7）各车站至控制中心的图像传输信息和控制信息：即通过电视监视系统提供的各车站至控制中心的宽带图像信息和控制中心至各车站的控制信息。

8）网络管理信息：即各系统的网络维护管理信息。

9）电源及环境等监控信息：即监控各车站、停车场、车辆段通信机械室电源设备的状态及环境情况的信息及其他信息。

目前，城市轨道交通领域使用的通信传输系统主要有：准同步数字系列（PDH）传输系统、同步数字系列（SDH）传输系统、开放式传输网络（OTN）和异步转移模式（ATM）四种技术。以上海轨道交通为例：地铁一号线传输系统采用 PDH 传输系统，二号线采用 OTN 传输系统，三号线（明珠一期）采用 SDH + PCM 传输方式，共和新路高架工程采用 SDH + AN 方式，明珠二期采用一体化 SDH 传输方式，莘闵线采用 ATM 传输方式。从长远规划来看，地铁通信网的互联互通已成为必然，但目前这些不同支线通信网的通信方式不同，设备制式的不统一，为未来的互联互通带来了不便。

中国未来的城市轨道交通的通信发展趋势应发展以程控交换技术和光纤技术为基础的综合业务数字程控通信网，发展数据通信、图像及文字传真等非话业务，加强列车通信网与国家通信网的互联等级和通话能力，提高通信服务质量和水平。因此，要选择合适的城市轨道交通通信制式，使其适应将来城市轨道交通的通信发展趋势。

11.2　传输系统介绍及对比分析

11.2.1　同步数字系列（SDH）传输系统

SDH（synchronous digital hierarchy）是在克服了 PDH 可靠性低、设备冗余和故障点较多等缺点的基础上发展起来的，它基于时分复用（TDM）传输原理，采用矩形块状帧结构、段开销，引入“净负荷指针”新技术，实现不同速率等级数字流的接入，并形成 ITU 国际标准光接口规范。不同设备在同一标准下其光电接口可以互联，有较大的系统网络管理能力，可灵活地对不同方向的数据流进行分下和插入，是信息高速公路中的主干部分。SDH 传输系统具有以下特点：

1）它是传输系统的国际标准，具有全世界统一的网络节点接口。可在不同传输设备间进行兼容和互通，有一套标准化的信息结构等级，称为同步传送模块，如 STM-1、STM-4、STM-16 等。

2）可实现多种网络拓扑结构，设备简单、配置灵活、调度方便，可灵活地对不同方向的数据流进行分下和插入。

3）网络管理能力较强。

4）具有简单的复用过程，能对既有的 PDH 实现兼容，降低联网成本。

5）所有网络单元具有标准的光接口，可以在光路上互通。

6）在传输的码型中，安排了较多的富余 bit，供网络中管理控制之用，使网络中检测故障、监测传输性能等能力大大加强。

7）自愈环技术成熟，网络保护能力强。

由此可见，SDH 的可用性、可靠性、通用性都很强，并且技术先进，具有标准光接口、强大网络管理能力和灵活分插支路（同步复用）的能力；组网灵活，可组成点对点、链形、环形等不同拓扑结构；扩容能力强，系统很容易从 155Mbit/s 升级至 622Mbit/s，甚至 2.5Gbit/s 和 10Gbit/s；网络可靠，具有 MSP、通道保护、自愈环等保护手段；支持 IP 业务的传输，传送效率高。目前已有 IP/PPP/HDLC/SDH（POS）、IP/LAPSISDH、IP/GFP/SDH、IP/RPR（SPR）/SDH/WDM 等国际标准协议的广泛支持，是完全开放的国际传输标准，便于测试和维护。但由于 SDH 设备主要是针对电信等公网的需求开发的，在轨道交通通信系统及其他专网中还存在下列问题：

1）接口种类单一，仅具有 SDH 标准接口。

2）传输窄带业务（语音、数据、宽带音频）时，需增加接入设备（PCM D/I 设备）。

3）无直接的视频和 LAN 接口，需外部增加视频接口设备和以太网路由器；对以太网业务，一般只提供 2Mbit/s 的传输速率，存在性能瓶颈。

4）需要多个网络设备对标准 SDH 设备、接入设备、视频接口设备和以太网路由器等进行管理，给网络运营、管理和维护带来诸多不便。

5）一般只提供点对点的通信通道，难以满足轨道交通通信系统中大量共线式通信信道的要求。

6）对于视频、宽带广播以及局域网来说，还没有很好的解决办法。

7）整体实现的代价较高。

为了克服传统 SDH 传输系统的缺点，一些厂商又于 2000 年开发了一体化的 SDH 设备，并开始逐渐占据城市轨道交通通信传输系统的主要市场。所进行的改进是：

1）传输和接入设备融为一体，简化了系统结构；

2）丰富了业务接口，增加了适于专网的业务接口及宽带业务接口，如低速数据、高质量音频、10Mbit/s 及 100Mbit/s 以太网、宽带视频接口等等。尽管如此，由于 SDH 采用了固定的带宽分配方式，对宽带和动态带宽的适应性仍然不强，因而使某些业务的开发受到了限制，如 10Mbit/s 及 100Mbit/s 以太网业务等。

11.2.2 异步转移模式（ATM）

ATM 是 1988 年由 CCITT 提出实现宽带综合业务数字网（B-ISDN）的核心技术。它是在总结、分析了传统电话网的电路交换技术和数据网络的分组交换技术优缺点的基础上发展起来的。ATM 技术融合了面向连接（保证 QoS）和统计复用（提高宽带利用率）两者的优点，是语音、数据、视频及 IP 等各种业务传输、复用和交换的理想方式，其灵活的宽带分配策略能满足当前和未来的需求。ATM 技术及其本身的一些特性正好适合轨道交通领域的通信系统。简单来说，主要有以下几点。

（1）可承载不同业务　轨道交通的通信系统需要实现对各种不同业务的承载。如专用电话、公务电话、视频监控及 IP 数据等等。而这些业务有着不同的特性，例如，IP 数据业务突发性较强，视频业务需要高带宽来保证图像质量，语音业务需要固定的带宽保证通话质量。ATM 技术的设计完全满足通信系统对综合业务承载以及服务质量的需求，因为 ATM 技术允许对传输的各种业务按照恒定比特率业务（CBR）、可变比特率业务（VBR）、可用比特率业务（ABR）以及未知比特率业务（UBR）等进行划分，对其服务质量进行分别设定和控制。另外，为了方便各种业务的接入，ATM 对其设备也规定了各种国际标准接口，扩大了运用范围。

（2）按需连接特性　工作方式面向连接、采用统计复用的方式，可动态地、灵活地分配用户带宽，以及通过虚拟电路实现网络内的连接，使系统的传输容量得到充分的利用。在城市轨道交通通信系统中，视频业务是一种占用系统宽带资源的业务，特别是在用户对视频图像的质量要求越来越高的今天。另外，视频业务也是一种典型的多点对一点的业务，摄像头数量众多，而监视器较少，如果采用传统的点对点进行视频传输，一方面不经济，且两端的视频编解码设备将大大增加；另一方面由于宽带大量的浪费，不但导致系统的扩展性较差，而且视频业务本身也不能进一步改善质量。ATM 技术的按需连接特性以及对连接的高效管理就很好地解决了这个矛盾。采用 ATM 技术。视频业务占用的带宽将由监视器的数量决定，从而在保证业务质量的前提下，节省了大量的系统资源，同时也为将来系统的扩展和升级预留了条件。

（3）较高的数据安全性　随着数据通信的快速发展，IP 技术由于其技术简单、终端设备低廉以及连接方便等优点得到了广泛应用，目前已成为数据通信技术的首选，在轨道交通领域也是如此。但由于 IP 技术受其本身协议的约束，对数据通信的安全保证必须通过高层应用软件来完成，因此效率并不高。而城市轨道交通通信系统中，各种不同数据网络之间需要保证绝对的隔离，这就对 IP 网络的数据安全性提出较高的要求。ATM 技术可以在较低层次上将不同网络的数据报隔离，大大提高了数据防护的效率。在 ATM 网络中，各个节点的 IP 端口可以进行分类并组合为不同的逻辑子网，这样同一逻辑子网中的 IP 端口可以自由通信，而不同逻辑子网之间则保持绝对隔离．从而满足了数据安全性的需求。

作为一种宽带综合业务数字网通信系统，ATM 技术既解决了 SDH 传输系统的业务综合能力低的问题，又避免了 OTN 系统由于非标准而造成在系统扩展上的局限性。它以综合的方式处理语音、数据、图形和视频信息，为系统提供更大的容量和综合业务，在技术上是非常先进的，也是符合将来发展趋势的。

但也应注意，ATM 归根结底是一种交换技术，是通过光接口连接 ATM 设备来构筑 ATM 传送网络的，因此还欠缺类似 SDH 自愈环网那样的功能，在处理故障和实现保护时所用的时间比较长，对开办实时性要求非常高的调度电话、系统控制等业务方面也还有待于进一步探讨。另外，ATM 也是一种具有服务质量的网络，其服务质量（QoS）能够控制网络上传输流的带宽、延时和精度水平。例如，网络管理员可以将一个 622Mbit/s 的 ATM 服务器连接分割为 3 个 200Mbit/s 的块，每块可有 3 种不同应用。这是因为 ATM 是一种宽带技术，并且数据是通过虚拟通道传输的。但从另一方面来说，目前 SDH 已对组建高速骨干传输网相当自如。在 ATM 系统中，当大部分业务量在本地上下时，若采用大量 ATM 交叉连接设备（VPX）进行 STM/ATM 转换，则转换成本非常高，从这一点来看，ATM 在传输网上与 SDH 竞争仍有一定困难。事实上，ATM 技术是迄今为止最为复杂的网络技术，除基本技术外，还不断推出新技术。由于各厂商对新技术跟踪速度不一，加上目前还没有统一的标准，所以市场上的 ATM 产品在性能方面各有差异。且由于 ATM 技术过于完善，其协议体系的复杂性造成了 ATM 系统研制、配置、管理及故障定位的难度；另外，ATM 网络设备也较昂贵。因此，目前在城市轨道交通中，ATM 还不能完全替代 SDH。

ATM 技术还未达到成熟阶段，特别是在城市轨道交通专网中，还有不少技术问题需要进一步研究解决。下面列出一些有待解决的主要问题：

1）ATM 技术的引入对语音信号的时延问题是一个挑战。对于 64kbit/s 编码的语音信号，在源节点为了将用户信息装入 48 个字节的信息字段，其时延为 $48 \times 8 \times 1/64000 = 0.006s = 6ms$。于是往返时延为 12ms。此外，在中间 ATM 节点所进行的阻塞控制以及终端 ATM 节点所必需的缓存平滑处理，也会进一步引入附加的时延。采用数字终端的 ATM 接入方式与移动通信接入方式相似，因而也需要具有 48ms 终端时延能力的回波消除器来减少可能的时延损伤。此外，对于模拟接入 ATM 网的情况，终端侧也需要一个回波消除器，以便应付可能超标的现有长途网的回波消除器的终端时延能力或者往返时延指标。ATM 网终端侧回波消除器的终端时延能力要求可以小于网络侧，通常为 16ms 即可。如果采用部分信元填充方式，如仅使用 16 字节填充，则无须任何附加的回波消除器，但带宽利用率将大大降低。近来有人提出微信元的概念。即把 53 个字节的信元细分为 4 ~ 20 个字节的微信元，从而提高了效率，减少了延时。总之对付 ATM 引入的时延问题仍然是一个挑战。

2）在同步通信网中，信道容量是按某种信息业务的峰值数据速率进行分配的。其优点是不会发生信息丢失现象，缺点是信道的平均利用率较低，浪费了宝贵的频带资源。ATM 网采取动态分配方式，显著提高了网的有效容量及其利用率，但是，带来的问题是网的局部可能由于业务量过大而产生拥塞现象，其结果是一部分信元丢失或时延过大而影响通信质量。由于 ATM 技术适用于高速网的要求，必须另觅解决途径。

3）对于数据和文件的传送，时延抖动不会产生明显的影响，然而对于语音、电视这类等时信息业务来说，分组传送的时延抖动不允许超过一定值，否则会产生分组丢失现象，影响通信质量。这里需要解决两个问题：①如何限制时延抖动的范围。②如果发生了分组丢失现象，如何采取弥补办法以尽可能减少信号失真，保证较好的通信质量。

4）等时业务的接收终端必须与发送端的时钟同步才能保证通信质量。由于 ATM 网是异步传输网，经过这种网互联的等时业务终端之间时钟信息被丢失了，不可能再采用同步网中简单的定时恢复措施。因此，必须研究新的定时恢复方案来解决这个问题，这也是分组交换网中普遍存在的问题。

11.2.3　宽带 IP 网络技术

IP 网是基于 TCP/IP 协议（传输控制协议/网际协议）的分组网。TCP/IP 是互联网的基础协议，它规范了数据在网上打包、寻址及选路的标准方法。因特网技术在低层网络技术和高层应用程序之间加入 TCP/IP 协议，从而抽象和屏蔽硬件细节，向用户提供通用网络服务。

传输控制协议（TCP）位于传输层，用于提供端到端的通信。网际协议（IP）位于网络层，实现无连接数据报传送、寻址及差错处理等功能。IP 协议的关键在于为互联的异种网络提供了统一的 IP 地址，保证异种网互通，利用地址解析协议（ARP）把主机的 IP 地址映射为相应的物理网络地址。通过 IP 层向上层提供统一的数据报，并且支持多种高层应用，包括 TCP、用户数据报协议（UDP）、网际控制信息协议（ICMP）、开放式最短路径优先路由协议（OSPF）、边界网关协议（BGP）、文件传输协议（FTP）、超文本传输协议（HTTP）、简单邮件传输协议（SMTP）、远程登录（Telnet）和简单网络管理协议（SNMP）等，协议简单灵活，使网络资源得到充分利用，代表了网络无连接化和全球寻址的大趋势。

IP 协议实质上是一种不需要预先建立连接，而直接依赖于 IP 分组报头信息决定分组转发路径的数据协议。具体来讲，IP 网是一个路由器加专线的存储转发型网络，路由器所承载的是以无连接模式传送的不定长分组。从技术上讲，它具有以下几大特点：①分布式结构。②端到端原则，所有增值功能都在网络之外由终端完成。③ IP 网可以建立在任何传输通道上，可以保证异种网络的互通（即 IP over Everything）。④具有统一的寻址体系，网络可扩展性强。IP 协议成功地将异种网络互联起来，在全世界范围迅速发展。但随着因特网的日益庞大，出现了一些问题。例如，带宽资源变得紧张，服务质量（QoS）得不到保证，主机的增加和新应用（如实时语音、图像传输等）以及所需的更加复杂的寻址和路由选择能力受到了限制。随着用户终端性能的提升和要求的增加，对路由器的要求越来越高，路由器的性能和吞吐量大大提高。近年来，为了实现 IP over everything 和 everything on IP，IP 网在组网、保证服务质量、协议开发等方面开展了大量研究工作。因特网特别工作组（IETF）提出了 IP 的新版本 IPv6。

11.2.4 开放式传输网络（OTN）

OTN（open transport network）系统设备是由西门子 ATEA 公司独家生产开发，是一种面向专网的、灵活的和支持多协议的开放式传输网络。它根据语音、数据、LAN 以及视频等业务的相关标准设计了接口卡，从而使符合这些标准的设备可以通过 OTN 节点机毫无限制地直接互联。OTN 具有以下特点：

1）主要为专网而开发。适合轻轨与地铁这样相对封闭的专用网络。

2）拥有灵活、多样的业务接口卡，有较强的业务接入能力，能满足轨道交通各种信息接入的需要。

3）传输和接入设备融为一体，简化了网络结构。

4）采用双环自愈网络拓扑结构，可靠性高。

5）有完善灵活的网管功能。

OTN 有三个系列，即 OTN-36、OTN-150 及 OTN-600，可自由升级。由于 OTN-36 传输容量较小，不能满足地铁传输容量要求，故在实际的轨道工程中一般采用 OTN-150 或 OTN-600。其中 OTN-600 可直接提供高达 600M 的带宽，能高速度、全透明地将 OTN 网内的各种业务、从一个节点传输到另一个节点。

OTN 的关键设备是节点机，每个节点机有 14 个可以插入卡板的槽位，其中两个槽位为光（电）缆端口（1:1），连接两条光（电）缆的进出；一个为主控扩充板槽位；一个为主控模块板槽位；两个电源板槽位；其余 8 个槽位为用户板槽。这 8 个用户板槽位可以插普通二线/四线语言接口板；2Mbit/s 的接口板可与程控交换机相连；RS232、RS422 或者 RS485

接口板，则可接到计算机的主机或终端；以太网接口板可以连至本地网。可根据不同用途配置不同的接口板。

在控制中心和各车站设置 OTN 节点机，由二条光纤与控制中心连接，再通过隔站连接方式。组成一个具有自愈功能的双环光纤网络。当线路传输系统需扩展改造时，在需改造的车站（或车辆段）设置节点机，并通过光纤将节点机纳入双环网，直至构成全线的 OTN 自愈双环光纤网。双环中一个称为主环，另一个为副环。在通常情况下，经 OTN 传输的信息均由主环传输，副环保持同步；在运行过程中，如果主环发生故障，副环马上投入工作。如果两条光纤在某一点同时受到破坏，两端的节点就会自己愈合，成为由原主、副环光纤构成的一个新的环形网络，从而保证通信的持续进行。如果某个节点机故障，则除故障的节点机外，其他节点机仍保持正常工作；如果光纤线路出现二处中断，OTN 网络将由一个环变成由原主、副环光纤构成两个独立的环形网络，这时控制中心节点机所在的环仍能持续工作（而另一个环从网络本身也能独立工作，但没有实际意义）。出现以上情况的网络自愈时间小于 100ms。因此，通信不会受到影响，从而保证网络运行的安全性。

OTN 系统可提供 2 线模拟语音、4 线 E&M 语音、数字话机、低速数据（9.6K、64Kbit/s、RS422）、高速数据（10M 以太网）、广播宽频带语音等信息和电视监视系统（MJPEG 编解码），能充分满足轨道交通线各种信息传输的要求，适于专用通信网的传输。但是，OTN 独特的帧结构及传输方式是为专用网络开发的，非常适用于独立的专用网络，特别是其技术标准的唯一性，会使不同轨道交通线的不同传输网络之间难以连接和互通。另外，OTN 设备系进口设备，国产化水平较低，售后服务及对网络的升级改造等都要依赖于外商，而且性价比也较低，因此在应用中应当认真考虑这些问题。

11.2.5 几种系统的对比分析

目前，在城市轨道交通通信组网中存在多种技术方式。IP 技术具有网络实现简单、成本低廉等优点，但无法提供满意的 QoS 保证；ATM 技术虽然在 QoS 保证、统计复用、提高带宽利用率方面有其明显的优势，但成本高、时延、兼容与互通性差而难以普及；OTN 虽具有满足城市轨道交通通信传输的各种优势，但其非标准化的接口和独家生产难以互连互通的缺点，也难以成为城市轨道交通通信传输系统的主流；而作为以 TDM 技术为主的传统 SDH，对业务具有很强的 QoS 保证，且技术成熟稳定，网络适应性比较强，但对动态的数据业务缺少应有的支持手段，而且不同的带宽往往意味着不同的物理接口和业务类型，进而导致整个网络的结构变化，也不太适合城市轨道交通通信网络应用。

基于 SDH 的 MSTP 组网方案能解决以上各种方案的缺点。该方案基于 SDH 平台，实现 TDM、ATM 和以太网等业务的接入、处理和传送功能，提供统一网管。它一方面吸收了 IP 经济、灵活和可扩展等优点；另一方面又吸收了 SDH 的可靠性机制，实现了带宽的空间复用，宽带动态处理及自动网络拓扑识别等功能，带宽利用率高，可以更好地支持以太网业务的传输，必将成为未来城市轨道交通通信传输系统的主要技术。下面就将在城市轨道交通通信系统中常用的 OTN、SDH（传统）、SDH（一体化）与 ATM 四种传输系统从技术层面做一比较，见表 11-1。

表 11-1　传输技术对比表

序号	比较内容	OTN	SDH（传统）	SDH（一体化方案）	ATM
1	定义及起源	开放式传输网络，是 SIMENS 公司生产的专有传输设备	同步数字系列，采用矩形块状帧结构、段开销，引入“净负荷指针”新技术，实现不同速率等级数字流的接入，符合 ITU-T 国际性标准光接口规范，用来构建灵活、兼容的传送平台	在传统 SDH 系统基础上，面向应用开发、扩展的 SDH 系统，主要是能直接提供大量的不同类型的接口	异步转移模式，本质上是一种高速分组交换模式，它能够适用于速率从低于数千 bit 到高达数百兆 bit 的各种业务，它集语音、图像、数据等信息于一体，进行宽频带综合业务数字通信
2	应用范围	专用，特定开发	公用，面对公网设计	专用，面对专网设计	专用/公用
3	OSI 工作层	第一层	第一层	第一层	第二层和第三层
4	传输模式	同步	TMD 同步	TMD 同步	TMD ATM
5	传输速率/$bit \cdot s^{-1}$	150/600	155/600/2500	155/622	155/622
6	通道分配	非拥塞	非拥塞	非拥塞	无堵塞（拥塞可控制）
7	间隔	32kbit/s	2Mbit/s	N64kbit/s 及 2Mbit/s 可直接提供各种接口	根据需要
8	光接口	专有，接口非开放	标准，在光链路上互通	标准，在光链路上互通	标准，在光链路上互通
9	窄带语音接口应用	a/b 线不够理想，加入相应设备后，实现较理想	不能直接提供，但可增加	直接实现	a/b 线不够理想；也可通过远端模块接入
10	视频接口	支持 PAL、NTSC（M-JPEG）带宽可调	不能直接提供，能提供 2Mbit/s，图像效果不够理想	支持 MPEG2、H. 261，不需另配压缩解码设备	支持 M-JPEG、MPEG2、H. 261，带宽可按需调整
11	视频切换	可以	不能直接实现，增加视频切换设备（交叉矩阵）	可以	可以
12	各种低速数据接口	RS-232（V. 24）、RS-422（V. 11）、RE-485 点对点，总线，一点对多点	不能直接实现，增加接入设备实现	RS-232（V. 24）、RS-422（V. 11）、RE-485 点对点，总线，一点对多点	RS-232（V. 24）、RS-422（V. 11）、RE-485 点对点，总线，一点对多点

（续）

序号	比较内容	OTN	SDH（传统）	SDH（一体化方案）	ATM
13	高质量音频	有	不能直接实现	有	有
14	以太网口 10/100Mbit/s	有	部分有，带宽 2Mbit/s	有，带宽可调，可提供全速接入	有
15	增加额外设备的影响	不需增加	增加设备故障隐患，增加管理设备，增加总体投资	不需增加	不需增加
16	板卡热备（1+1）	可实现	可实现	可实现	可实现
17	网络管理	灵活，未汉化	灵活、完备、已汉化。但一般不能管理增加设备，不能直接管理至应用接口	灵活、完备，配置灵活、方便，已汉化。可直接管理至应用接口	灵活，已汉化。可直接管理至应用接口
18	国产化程度	低，进口	高	高	高
19	带宽分配	固定 1）各种连接之间不互相干扰 2）固定的低延迟（对时间要求严格的应用非常理想） 3）较适于 PCM 语音应用 4）稳定的硬件和软件，物理层标准不会改变 5）简单、可靠（不用呼叫建立，服务不用分类，无外部服务器，不可能有错误的连接）	固定 1）速率较单一，基本基于 E1 接口，宽带宽，应用受限；低速应用也需增加相应复用设备 2）不能直接提供应用接口	1）速率较单一，但接口丰富 2）能直接提供应用接口，按需分配，不同速率的业务高效复用	1）连接有互相影响可能（如文件转移在某段时间里占用整个系统） 2）延迟是不可预测的（决定于业务负载） 3）成包的语音（或者开销大，或者延迟长） 4）较复杂（需要建立呼叫，服务需分类） 5）面向连接，采用统计复用方式，动态分配用户带宽
20	带宽效率	高，开销 <2%，直接高效、高速和低速的应用，可简单的叠加在一个网络中运行	高，开销占 3.7%	高，开销占 3.7%	较低，开销大，占 12.8%，对低速数据效率低，但可容忍

（续）

序号	比较内容	OTN	SDH（传统）	SDH（一体化方案）	ATM
21	环网自愈保护	50～100ms 双环（主备）循环冗余，实现系统故障后自动保护	ms 级别，多种自愈环技术供选择（复用段、通道保护），实现系统故障后自动保护	ms 级别，环网保护同 SDH（传统），但因不需增加设备，传输时延最小	数秒级别，与业务量有关；但有些厂商已可做到 ms 级别，采用双纤环路备份倒换，实现保护
22	节点数	一般不受限，与业务量有关	受自愈环技术及同步影响，有限制	受自愈环技术及同步影响，有限制	一般不受限，与业务量有关
23	技术的后向兼容性	对于专网同一设备，优	后向兼容性好，但对高速率、宽带宽需求适应性差	后向兼容性好	后向兼容性优，动态分配带宽，可满足高速率、宽带宽要求
24	网络拓展	网内增加节点或重新组网	通过网点硬件的不断升级	通过网点硬件的不断升级	在不改变原网络点硬件的情况下，通过组成 622M 骨干网达到拓展
25	支持拓展方式水平	600M 即可满足城市轨道交通用	从 155M 到 622M 再到 2. 5G 不断升级	从 155M 到 622M 再到 2. 5G 不断升级	622M 骨干网即可满足城市轨道交通用
26	突发业务、实时业务适应能力	较好	较差	较差	优
27	设备运行环境（温湿度、清洁度）	要求较高	要求较高	要求较低	要求较高
28	设备构成	模块化	模块化	模块化	模块化
29	厂家支持	唯一	大量	少数几家	大量
30	与相关轨道交通线连接	难	容易	容易	容易
31	标准	由 SIMENS 独家完成，稳定成熟	由 ITU-T 制定，稳定、成熟	由 ITU-T 制定，稳定、成熟	主要由 ITU-T 及 ATM 制定，已经较成熟，有些标准仍在补充完善

11.3 接入技术

以明珠线二期工程轨道交通通信传输系统为例，本系统是一个实时、透明、无阻塞及可靠性高的系统，主要用于控制中心与各车站（包括停车场）之间、控制中心与其他线路控制中心之间、公安调度中心之间各种信息的传递（包括数字视频、电话语音信息、音频信息、低速数据信息及高速数据信息等各种信息传输）。本系统采用了 MSTP 综合业务传输平台方式，实现了多种业务的接入和混合传输。在每个车站节点，采用一台 Metro3000 设备作为接入节点. 通过传输设备上的以太网接入单元及 PCM 设备的接入方式，实现每个车站节点的所有业务到中心控制节点和公安控制节点的传送。中心控制节点采用一套网络管理平台，实现统一的管理。

11.3.1 PCM 接入

1. 方案说明

通信传输系统接入部分项目的容量设计为：车站和停车场各设 4 个 2M 的中继容量，分别对应中心到各站点对多点、广播等业务的主、备用，以及中心到各站点对点业务的主、备用；中心设与之相对应的 72 个 2M 中继容量。

P128M 接入设备的配置为：1 个停车场和 17 个车站各设 1 个 P128M 接入设备 19in 的机箱，中心设 10 个 P128M 接入设备 19 英寸的机箱和 2 个 32 ×2M 的交叉连接设备；其中，中心节点机箱业务安排为由 1 个 P128M 接入设备和两个 32 ×2M 的交叉连接设备组成，中心到各站点对多点以及广播业务的主、备用接入系统，由另外 9 个 P128M 接入设备组成中心到各站点对点业务的主、备用接入系统。PCM 系统连接示意图如图 11-1 所示。

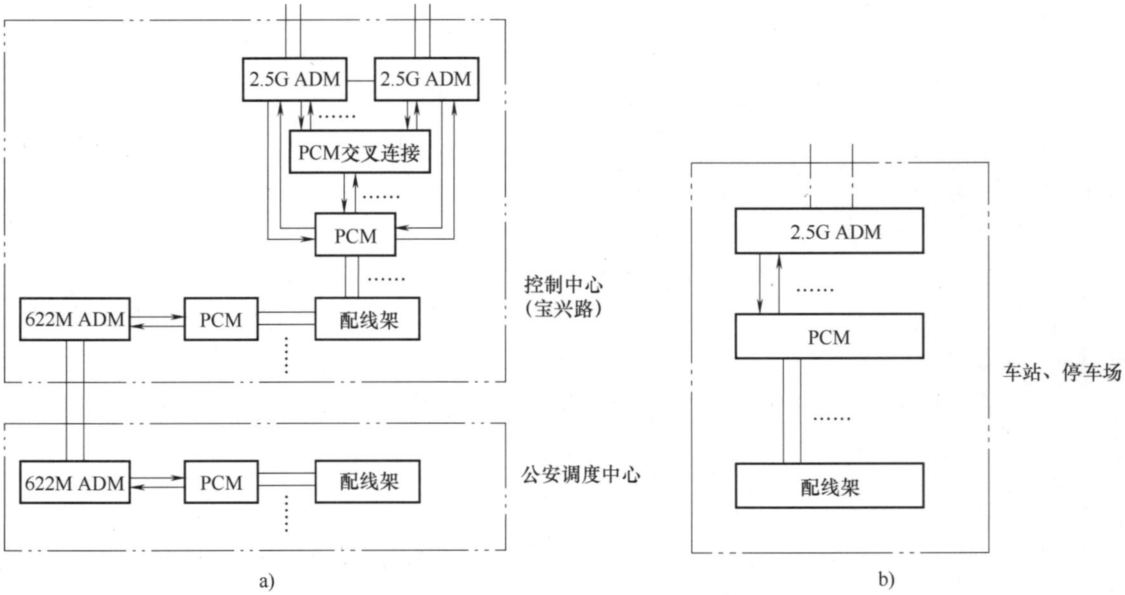

图 11-1 PCM 系统连接示意图

a）中心系统 b）车站、停车场系统

2. 配置优点

这样配置有以下优点：

不但 17 个车站、车辆段的 P128M 机箱内的插槽分布、电路板配置几乎完全一样，而且中心的 15 个 P128M 接入设备的插槽分布、电路板配置也几乎完全一样，这样为用户使用、维护带来诸多便利。

1）设备维护方便。设备机盘业务配置几乎完全一致，这样使得业务盘能够方便地互换、互插，便于设备维护，故障查找；而且相应的备品、备件也会大量减少。

2）升级、业务添加方便。根据上述配置，各项业务的时隙、业务插槽的预留也较为合理（点对多点主、备每站各预留了 4 ~ 6 路，点对点业务主、备每站也各预留了 4 ~ 8 路），便于以后设备的扩容和升级。

3）安全性高，业务安排便利。上述配置把所有接入业务均配置为带有主、备保护的功能，这样既能满足用户对重要业务的保护要求，又能最大限度地发挥用户接入资源。用户既可以对重要业务进行主、备保护，也可在接入一般业务时，不采用主、备保护，而是接入两路不同业务，以提高业务接入数量。

4）节省资源，简化网络。中心、车站等地 P128M 设备都带有时隙交叉功能，上述配置对全网业务通道配置进行了优化，使得整个接入部分资源得到充分利用，网络关系简化，给用户管理设备、安排业务带来极大便利。

3. 冗余和保护

在 PCM 接入设备部分采用分布方式保护，即将同一接口类型分在不同的接入设备（PCM 设备）子柜中。另外，对于车站同一接口类型的业务，将其主、备用通道通过不同的 2M 链路连到控制中心，从而保证业务不会因某个 2M 模块出现故障而产生中断。

11.3.2　以太网接入

1. 方案说明

1）以太网接入处理板（ET1）。Metro3000 设备上配置的 ET1 板卡可实现 IP 业务的接入，单块 ET1 板卡可以提供 8 个 10/100M 自适应以太网接口。每个站点的 Metro3000 设备上都配置 4 块 ET1 板卡，共可提供 32 路 10/100M 自适应以太网接口，具有良好的业务扩展能力。后期还可以根据需要增加 ET1 板卡来提供业务接入端口。

2）业务接入。以太网接入设备满足了系统在 SDH 骨干传输网络上传输 IP 业务的需求。每个车站通过以太网接入的形式，将每个站点的设备承载的 SCADA 业务，BAS、OA 业务，乘客导乘、录像回放、广播音频下载、电源监控及专用电话预留业务，AFC 业务，公安业务和调度监视业务等六种业务信息送达控制中心。

Metro3000 设备上提供的 ET1 板卡还具有 VLAN 划分的功能，可以根据业务类型的不同灵活划分不同的 VLAN 地址。在一个 VLAN 设备内实现组播，防止广播风暴，同时可以通过多块 ET1 单板承载不同的业务，从而避免了采用二层交换设备扩展端口所造成的业务安全性的隐患。

控制中心节点的 Metro3000 设备可以实现 17 个站点业务的汇聚和上下功能，通过 ET1 单板的以太网端口接入到不同的终端设备上；同时通过中心节点的一套统一网管，实现全网传输设备的统一管理和业务调度。

2. 业务保护

由于每个站点的IP业务都通过多块ET1单板实现业务的接入，从而避免了因一块单板失效而造成所有业务中断的事故；同时通过统一的传输网管平台，可以实现设备和业务的监控，避免二层交换的监控无法实现的缺点。

11.4 其他通信系统的实现

11.4.1 专用电话系统的实现

专用电话系统提供包括控制中心、各车站、停车场内的列车、电力、环控、防灾及公安等调度电话业务，还包括各站内集中电话、站间电话和车站紧急电话业务。控制中心的中心调度机通过标准422高速智能串口与六个专用调度台相连，分别作为总调度台、列车调度台、电力调度台、环控防灾调度和公安调度。

以上海明珠二期方案为例，中心调度机的模拟用户线与综合传输网络的模拟用户a/b接口相连，延伸到17个车站和停车场，分别作为站内集中电话、站间电话、紧急电话和各业务调度分机等。每个车站的调度分机再通过传输的a/b接口连接到综合传输网络。

中心调度交换机的2B+D[⊖]数字用户提供符合ITU-T的标准2B+D（2BIQ）U接口和综合传输网络的标准2B+D的U口连接，延伸到各车站和停车场，连接备车站和停车场的21个值班台。中心调度交换机还专门开发了调度专用信令RCOM，它不仅有普通信令的特点，还有更为强大完善的调度功能，支持双音多频（DTMF）和多频（MFC）等发号方式。有利于组成统一、透明的调度网，以及调度资源的有效利用，结束了各个调度网不能互通调度的局面。有利于整个调度网的发展，减少调度网的维护。

11.4.2 广播系统的实现

广播系统由车站广播子系统和停车场广播子系统组成。车站广播子系统由控制中心广播设备、各车站广播设备组成，供控制中心的总调度、列车调度、防灾调度及各车站值班员使用，为乘客播放列车到站发车信息、向导及紧急状态下的安全等服务音讯，为工作人员播放作业命令和管理音讯。平时以车站广播为主，紧急情况下按优先级顺序处理。停车场广播子系统供信号楼的值班员、运转值班员向现场工作人员播放车辆调度、列车编组等作业音讯。

控制中心广播设备、车站广播设备及车辆段广播子系统通过传输系统组成二级控制网络。控制中心设备通过传输设备提供的语音、控制和网络通道对各车站和车辆段设备进行控制，可以控制全线各车站广播设备进行语言直播，还可进行优先级设置。平常以车站值班员广播为主；在紧急情况下，自动切换到中心调度员广播模式，以控制中心调度员广播为主。紧急情况解除以后，自动恢复到正常广播状态。

11.4.3 电视监控系统的实现

本系统主要用于控制中心调度员、车站值班员和公安控制中心值班员监视站厅和站台的

⊖ 基本速率接口包括两个能独立工作的B信道（用来传输话音、数据和图像，64kbit/s）和一个D信道（用来传输指令或分组信息，16kbit/s）。

情况，辅助列车调度员指挥行车，协助车站治安管理。

系统主要由控制中心设备、公安控制中心设备、车站设备，以及视频、控制和电源线缆等视频传送部件组成。控制中心监视全线各车站的运营情况，车站监视本站情况，公安控制指挥中心集中监视全线各车站及人流集中场所的治安情况。

控制中心、公安指挥中心根据列车调度、总调度、防灾调度和公安指挥中心发出的视频切换信号，经本中心视频和传输设备将选中的车站视频信号分配到指定的监视器上，并可根据优先级的设定对车站摄像机云台进行控制。各车站监视控制本站摄像机的视频信号，对图像进行切换控制，将需要的视频信号准确地输出至车站控制室的监视器上；车站矩阵可以接收控制中心发出的控制信号，对各摄像机云台进行控制和转动。

各车站为一个独立的监控系统，车站内部采用模拟图像传输方式，通过视频电缆进行图像传输。各车站与控制中心、公安指挥中心由传输系统实现图像数字传输。

基于 SDH 的 MSTP 组网方案提供统一的网络平台，可直接实现视频业务的直接接入，不需单独设置一套独立的视频监控系统，简化了组网结构，节省了设备投资。

11.4.4　时钟系统的实现

时钟系统由中心母钟、监控终端、车站子钟驱动器、子钟和传输通道等组成。具有提供统一时间信息的功能。中心母钟除本身具有高精度晶体振荡器外，还接收 GPS 和闭路电视监控系统（CCTV）两外部标准信号，以 GPS 为主，CCTV 和内部振荡器为备用；系统能自动跟踪 GPS 标准时钟源。中心母钟将接收到的 GPS 标准时间信号，通过传输子系统传递给车站及车场的子钟驱动器，由子钟驱动器按标准时间信号指挥子钟统一显示时间，为乘客和工作人员提供标准时间；同时为其他子系统提供统一的时间信号，使各机电系统的定时设备与时钟系统同步，从而实现全线统一的时间标准。

时钟系统按中心母钟和车站子钟驱动器两级方式设置，中心母钟系统设备设于控制中心的通信设备房内，与传输系统有 20 路 RS-422 接口；中心母钟至车站子钟驱动器的传输通道利用光纤传输网提供的数据通道实现，可采用点对点方式，每站占用 1 路；也可采用共线方式，接口标准均为 RS-422。

11.4.5　无线系统的实现

无线系统采用 800MHz 频段无线集群，建立单基站光纤直放传输漏缆辐射系统，系统只设一个基站，其余均为光纤直放站。基站与光纤直放站之间通过光端机和光纤链路连接，光纤直放站的射频输出通过功分器连接到漏泄电缆，覆盖全线区间集群基站通过传输网与数字集群控制中心相连。

无线信号在站厅层采用吸顶天线进行辐射；在地下区间隧道和站台层采用漏缆进行信号辐射。通信传输系统为车站设备和控制中心之间提供 4 线 EM 通道及 RS422 通道，可用于控制信令和语音信号的传输；要求通信传输系统为车站设备和控制中心之间利用点对点连接。

第 12 章 通信传输网

12.1 拓扑结构

拓扑结构一般指点和线的几何排列或组成的几何图形。有轨电车通信传输网的拓扑结构指一个网络的通信链路和节点的几何排列，或物理布局图形。链路是网络中相邻两个节点之间的物理通路，节点指计算机和有关的网络设备，甚至指一个网络。

按拓扑结构，有轨电车网络可分为总线形网络、环形网络、星形网络、树形网络和网状形网络等五类。

12.1.1 总线形网络

由一条高速公用总线连接若干个节点所形成的网络即为总线形网络，其拓扑结构如图 12-1a 所示。

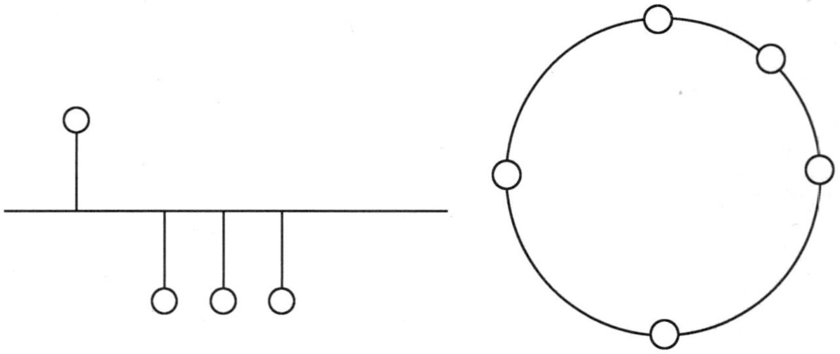

a)　　　　　　　　b)

图 12-1　总线形和环形网络的拓扑结构

a）总线形网络　b）环形网络

总线形网络的特点主要是结构简单、灵活，便于扩充，是一种很容易建造的网络。由于多个节点共用一条传输信道，故信道利用率高，但容易产生访问冲突；传输速率高，可达 1～100Mbit/s；但总线形网络常会因一个节点出现故障（如接头接触不良等）而导致整个网络不通，因此可靠性不高。

12.1.2　环形网络

环形网络中各节点通过环路接口连在一条首尾相连的闭合环形通信线路中，其拓扑结构如图 12-1b 所示。环上任何节点均可请求发送信息。

环形网络的主要特点是信息在网络中沿固定方向流动，两个节点间仅有唯一的通路，大大简化了路径选择的控制；某个节点发生故障时，可以自动旁路，可靠性较高；由于信息是串行穿过多个节点环路接口，当节点过多时，使网络响应时间变长。但当网络确定时，其延时固定，实时性强。

环形网络也是计算机局域网常用的拓扑结构之一，如企业实时信息处理系统和工厂自动系统，以及某些校园网的主干网常采用环形网络。

12.1.3　星形网络

星形网络是以中央节点为中心与各节点连接组成的，多节点与中央节点通过点到点的方式连接，其拓扑结构如图 12-2a 所示。中央节点执行集中式控制策略，因此中央节点相当复杂，负担比其他各节点要重得多。

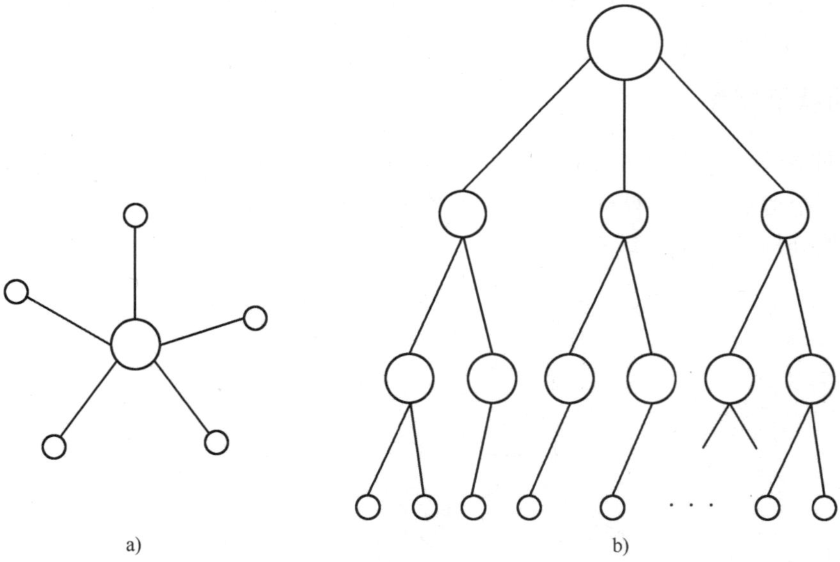

图 12-2　星形和树形网络的拓扑结构

a）星形网络　b）树形网络

星形网络的特点是网络结构简单，便于管理；控制简单，建网容易；网络延迟时间较短，误码率较低；网络共享能力较差；通信线路利用率不高；中央节点负载太重。

12.1.4　树形网络

在实际建造一个大型网络时，往往是采用多级星形网络。将多级星形网络按层次方式排列即形成树形网络，其拓扑结构如图 12-2b 所示。我国电话网络多采用树形结构，其由五级星形网络构成。著名的因特网（Internet）从整体上看也是采用树形结构。图 12-3 所示为某大学校园网络结构示意图，其为典型的树形网络。

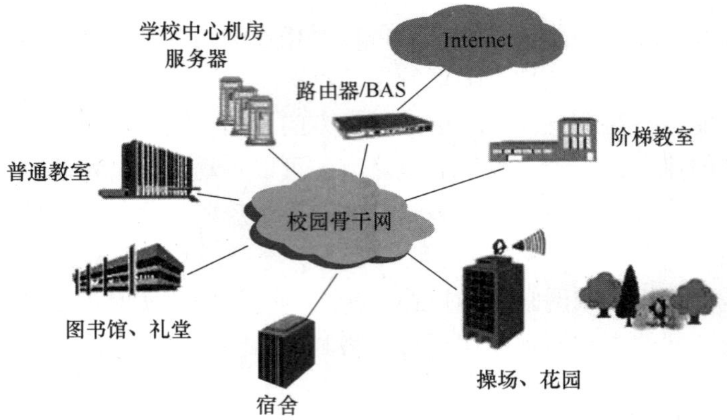

图 12-3　某大学校园网络结构示意图

树形网络的主要特点是结构比较简单，成本低；在网络中，任意两个节点之间不产生回路，每个链路都支持双向传输；网络中节点扩充方便灵活，寻找链路路径比较方便。但在这种网络系统中，除叶节点及其相连的链路外，任何一个节点或链路产生的故障都会影响整个网络。

12.1.5　网状形网络

网状形网络的拓扑结构如图 12-4 所示，其为分组交换网示意图。图中虚线以内部分为通信子网，每个节点上的计算机称为节点交换机；图中虚线以外的计算机（Host）和终端设备统称为数据处理子网或资源子网。

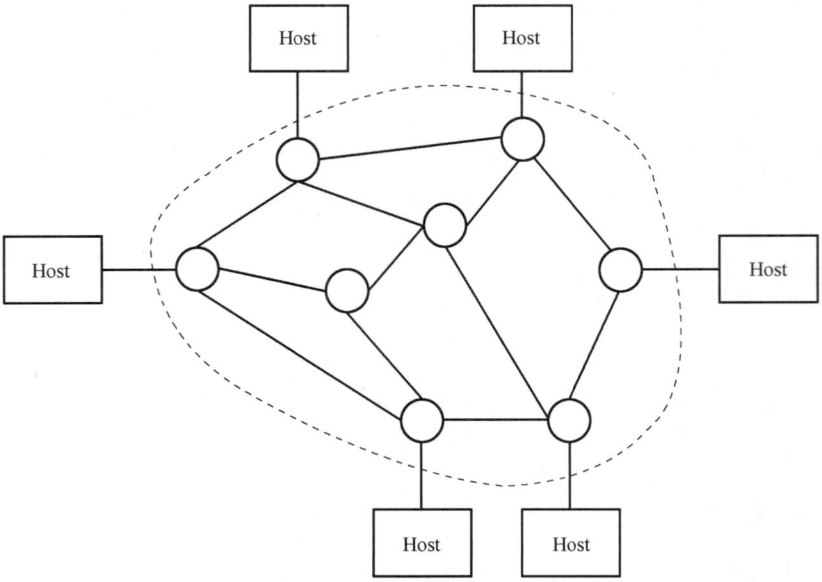

图 12-4　网状形网络的拓扑结构

网状形网络是广域网中最常采用的一种网络形式，是典型的点到点结构。网状形网络的主要特点是网络可靠性高。一般通信子网任意两个节点交换机之间，存在着两条或两条以上的通信路径。这样，当一条路径发生故障时，还可以通过另一条路径把信息送到节点交换机。另外，可扩充性好。该网络无论是增加新功能，还是要将另一台新的计算机入网，以形成更大或更新的网络时，都比较方便；网络可建成各种形状，采用多种通信信道，多种传输速率。

12.2 传输设备

12.2.1 电缆和光纤

1. 电缆

电缆通常是由几根或几组导线（每组至少两根）绞合而成的类似绳索的电缆。每组导线之间相互绝缘，并常围绕着一根中心扭成，整个外面包有高度绝缘的覆盖层。当话机将声信号转换成电信号后经线路传输到交换机，再由交换机经线路将电信号直接传至另一话机上接听，这一通话过程传输的线路就是电缆。电缆主要是铜芯线。由于电缆体积大、质量大，通信能力差，只能用作近距离通信。光纤通信是现代信息传输的重要方式之一，它具有容量大、中继距离长、保密性好、不受电磁干扰和节省铜材等优点。通信电缆传输频带较宽，通信容量较大，受外界干扰小，但不易检修，可用于传输电话、电报、数据和图像等。

2. 光缆

通信光缆是由一定数量的光纤按照一定方式组成缆芯，外包有护套，有的还包覆外护层，用以实现光信号传输的一种通信线路。1976 年，美国贝尔研究所在亚特兰大建成第一条光纤通信试验系统，采用了西方电气公司制造的含有 144 根光纤的光缆。1980 年，由多模光纤制成的商用光缆开始在市内局间中继线和少数长途线路上采用。单模光纤制成的商用光缆于 1983 年开始在长途线路上采用。1988 年，连接美国与英、法之间的第一条横跨大西洋海底光缆敷设成功，不久又建成了第一条横跨太平洋的海底光缆。我国于 1978 年自行研制出通信光缆，采用的是多模光纤，缆芯结构为层绞式。曾先后在上海、北京、武汉等地开展了现场试验，不久便在市内电话网内作为局间中继线试用，1984 年以后，逐渐用于长途线路，并开始采用单模光纤。通信光缆比铜线电缆具有更大的传输容量，中继段距离长、体积小，重量轻，无电磁干扰等特点，至今已发展成长途干线、市内中继、近海及跨洋海底通信，以及局域网、专用网等的有线传输线路骨干，并已开始向市内用户、环路配线网等领域发展，为光纤到户、宽带综合业务数字网提供传输线路。

当话机将声信号转换为电信号后经线路传输到交换机，再由交换机将这一电信号传至光电转换设备（将电信号转换成光信号），经线路传至另一光电转换设备（将光信号转换成电信号），再传至交换机、至另一话机上接听。两光电转换设备之间的线路就是光缆，它只有芯线数量之分，芯线数量有 4、6、8、12 对等等。光缆具有体积小、重量轻、成本低、通信容量大、通信能力强等优点。

光缆和电缆的区别主要体现在以下几方面：材质上，电缆以金属材料（大多为铜，铝）

为导体，光缆以玻璃质纤维为传导体；传输信号上，电缆传输的是电信号，光缆传输的是光信号；应用范围上，电缆多用于能源传输及低端数据信息传输（如电话），光缆多用于数据传输。

通信线路即沿线路敷设的光缆，属于一次性投资的资源，应考虑适当储备，为将来城域网络以及其他业务的发展预留条件。近年来，光缆资源在通信系统中的重要性越来越明显，而且，光纤资源的出租、出卖可为业主带来较大的投资收益，光缆具体容量可根据业主的需要和市场的需求进行调整。

3. 敷设方案

光缆敷设通常可采用接触网杆架设及地下管道敷设两种方式。

1）接触网杆架设。将光缆架设在沿线的接触网杆上，优点是投资较少，省去了沿线敷设管道的投资；但由于光缆需要架空敷设，线缆安全性较差，会对市容造成一定影响。

2）地下管道敷设。在线路旁埋设管道，将光缆敷设在新埋设的管道内。优点是光缆敷设在地下管道内，不会对市容造成影响，管线安全性较好，有利于后期增设光，电缆，且沿线管道可用于出租；缺点是工程建设时需全线埋设地下管道，施工难度、工程量较大，工程建设期一次性投资较大。

4. 防护方案

在接触网杆架设方式下，可采用一般的塑料管道防护或利用光缆自身的防护系统。

在地下管道敷设方式下，通信管道与轨道中心的水平距离通常不小于2m；与已有房屋建筑基础不小于2m；与规划建筑红线不小于1.5m；与大树树干不小于1.5m；与电力管道及给水管道不小于0.5m；与燃气管、热力管、排水管不小于1m；正线通信管道埋深不小于0.7m，分支通信管道埋深距轨道底部不小于1m。直线区段每间隔固定距离，或管道拐弯处设置一处入孔，入孔井盖应有足够的承重能力。

12.2.2 节点设备

1. 交换机

网络中的节点设备主要包括路由器、交换机和集线器等。

交换机意为“开关”，是一种用于电（光）信号转发的网络设备。它可以为接入交换机的任意两个网络节点提供独享的电信号通路。最常见的交换机是以太网交换机，其他常见的还有电话语音交换机、光纤交换机等。交换机根据工作位置的不同，可以分为广域网交换机和局域网交换机。广域交换机是一种在通信系统中完成信息交换功能的设备，它应用在数据链路层。交换机有多个端口，每个端口都具有桥接功能，可以连接一个局域网或一台高性能服务器或工作站。实际上，交换机有时被称为多端口网桥。

交换机拥有一条很高带宽的背部总线和内部交换矩阵。交换机的所有的端口都挂接在这条背部总线上，控制电路收到数据报以后，处理端口会查找内存中的地址对照表以确定目的MAC地址（也叫硬件地址）的NIC（网卡）挂接在哪个端口上，通过内部交换矩阵迅速将数据报传送到目的端口；若目的MAC不存在，广播到所有的端口，接收端口回应后，交换机会“学习”新的MAC地址，并把它添加入内部MAC地址表中。使用交换机也可以把网络分段，通过对照IP地址表，交换机只允许必要的网络流量通过交换机。通过交换机的过滤和转发，可以有效地减少冲突域，但它不能划分网络层广播，即广播域。

交换机在同一时刻可进行多个端口对之间的数据传输。每一端口都可视为独立的物理网段，连接在其上的网络设备独自享有全部的带宽，无需同其他设备竞争使用。当节点 A 向节点 D 发送数据时，节点 B 可同时向节点 C 发送数据，而且这两个传输都享有网络的全部带宽，都有着自己的虚拟连接。假使这里使用的是 10Mbit/s 的以太网交换机，那么该交换机此时的总流通量就等于 2×10Mbit/s = 20Mbit/s；而使用 10Mbit/s 的共享式集线器（HUB）时，一个 HUB 的总流通量也不会超出 10Mbit/s。总之，交换机是一种基于 MAC 地址识别、能完成封装转发数据帧功能的网络设备。交换机可以“学习” MAC 地址，并把其存放在内部地址表中，通过在数据帧的始发者和目标接收者之间建立临时的交换路径，使数据帧直接由源地址到达目的地址。

交换机的传输模式有全双工、半双工、全双工/半双工自适应。全双工指交换机在发送数据的同时也能够接收数据，两者同步进行，就好像我们平时打电话一样，说话的同时也能够听到对方的声音。全双工的好处在于迟延小，速度快。半双工指一个时间段内只有一个动作发生。就好像一条窄的道路，只能允许一辆车通过；当有两辆车相向行驶时，这时就只能让一辆先过，等这辆过了以后另一辆再过。这个例子就形象地说明了半双工的原理。早期的对讲机以及早期集线器等设备，都是实行半双工的产品。随着技术的不断进步，半双工会逐渐退出历史舞台。

从广义上来看，网络交换机分为两种：广域网交换机和局域网交换机。广域网交换机主要应用于电信领域，提供通信用的基础平台；而局域网交换机则应用于局域网络，用于连接终端设备，如 PC 机及网络打印机等。从传输介质和传输速度上可分为以太网交换机、快速以太网交换机、千兆以太网交换机、FDDI 交换机、ATM 交换机和令牌环交换机等。从规模应用上又可分为企业级交换机、部门级交换机和工作组级交换机等。各厂商划分的尺度并不是完全一致的，一般来讲，企业级交换机都是机架式，部门级交换机可以是机架式（插槽数较少），也可以是固定配置式，而工作组级交换机为固定配置式（功能较为简单）。另一方面，从应用的规模来看，支持大于 500 个信息点大型企业应用的交换机为企业级交换机，支持 100 ~ 300 个信息点中型企业的交换机为部门级交换机，而支持小于 100 个信息点的交换机为工作组级交换机。

2. 路由器

路由器（router）是连接因特网中各局域网、广域网的设备，它会根据信道的情况自动选择和设定路由，以最佳路径、按前后顺序发送信号。路由器是互联网络的枢纽——“交通警察”。路由器已经广泛应用于各行各业，各种不同档次的产品已成为实现各种骨干网内部连接、骨干网间互联，以及骨干网与互联网互联互通业务的主力军。路由器和交换机之间的主要区别就是，交换机发生在 OSI 参考模型第二层（数据链路层），而路由器发生在第三层，即网络层。这一区别决定了路由器和交换机在移动信息的过程中需使用不同的控制信息，故两者实现各自功能的方式也不同。

路由器（router）又称网关设备（gateway），用于连接多个逻辑上分开的网络。所谓逻辑网络是代表一个单独的网络或者一个子网。当数据从一个子网传输到另一个子网时，可通过路由器的路由功能来完成。因此，路由器具有判断网络地址和选择 IP 路径的功能，它能在多网络互联环境中，建立灵活的连接，可用完全不同的数据分组和介质访问方法连接各种子网。路由器只接受源站或其他路由器的信息，属网络层的一种互联设备。

路由器分本地路由器和远程路由器。本地路由器是用来连接网络传输介质的，如光纤、同轴电缆和双绞线；远程路由器是用来连接远程传输介质，并要求相应的设备，如电话线要配调制解调器，无线要通过无线接收机、发射机。

路由器是互联网的主要节点设备。路由器通过路由决定数据的转发。转发策略称为路由选择（routing），这也是路由器名称的由来（router，转发者）。作为不同网络之间互相连接的枢纽，路由器系统构成了基于 TCP/IP 的国际互联网络 Internet 的主体脉络，也可以说，路由器构成了 Internet 的骨架。它的处理速度是网络通信的主要瓶颈之一，它的可靠性则直接影响着网络互联的质量。因此，在园区网、地区网乃至整个 Internet 研究领域中，路由器技术始终处于核心地位，其发展历程和方向成为整个 Internet 研究的一个缩影。在当前我国网络基础建设和信息建设方兴未艾之际，探讨路由器在互联网络中的作用、地位及其发展方向，对于国内的网络技术研究、网络建设，以及明确网络市场上对于路由器和网络互联的各种似是而非的概念，都有重要的意义。

路由器的主要功能包括：

1）连通不同的网络。从过滤网络流量的角度来看，路由器的作用与交换机和网桥非常相似。但是与工作在网络物理层、从物理上划分网段的交换机不同，路由器使用专门的软件协议从逻辑上对整个网络进行划分。例如，一台支持 IP 协议的路由器可以把网络划分成多个子网段，只有指向特殊 IP 地址的网络流量才可以通过路由器。对于每一个接收到的数据报，路由器都会重新计算其校验值，并写入新的物理地址。因此，使用路由器转发和过滤数据的速度往往要比只查看数据报物理地址的交换机慢。但是，对于那些结构复杂的网络，使用路由器可以提高网络的整体效率。路由器的另外一个明显优势就是可以自动过滤网络广播。总体上说，在网络中添加路由器的整个安装过程要比即插即用的交换机复杂很多。

2）信息传输。有的路由器仅支持单一协议，但大部分路由器可以支持多种协议的传输，即多协议路由器。由于每一种协议都有自己的规则，要在一个路由器中完成多种协议的算法，势必会降低路由器的性能。路由器的主要工作就是为经过路由器的每个数据帧寻找一条最佳的传输路径，并将该数据有效地传送到目的站点。由此可见，选择最佳路径的策略，即路由算法是路由器的关键所在。为了完成这项工作，在路由器中保存着各种传输路径的相关数据—路径表（Routing Table），供路由选择时使用。路径表中保存着子网的标志信息、网上路由器的个数和下一个路由器的名字等内容。路径表可以是由系统管理员固定设置好的。

3. 集线器

集线器的英文称为 HUB。HUB 是中心的意思。集线器的主要功能是对接收到的信号进行再生、整形、放大，以扩大网络的传输距离，同时把所有节点集中在以它为中心的节点上。它工作于开放系统互联（OSI）参考模型第一层，即物理层。集线器与网卡、网线等传输介质一样，属于局域网中的基础设备，采用带冲突检测的载波监听多路访问技术（CSMA/CD）介质访问控制机制。集线器每个接口简单地收发 bit，收到 1 就转发 1，收到 0 就转发 0，不进行碰撞检测。

集线器属于纯硬件网络底层设备，基本上不具有类似于交换机的智能记忆能力和学习能力。它也不具备交换机所具有的 MAC 地址表，所以它发送数据时都是没有针对性的，而是采用广播方式发送。也就是说当它要向某节点发送数据时，不是直接把数据发送到目的节点，而是把数据报发送到与集线器相连的所有节点。

集线器是一个多端口的转发器，当以集线器为中心设备时，网络中某条线路产生了故障，并不影响其他线路的工作。所以集线器在局域网中得到了广泛的应用。大多数情况下，它用在星形与树形网络的拓扑结构中，以 RJ45 接口与各主机相连（也有 BNC 接口），集线器按照不同的说法有很多种类。

集线器工作于 OSI/RM 参考模型的物理层和数据链路层的介质访问控制（MAC）子层。物理层定义了电气信号、符号、线的状态和时钟要求，以及数据编码和数据传输用的连接器。因为集线器只对信号进行整形、放大后再重发，不进行编码，所以是物理层的设备。10M 集线器在物理层有 4 个标准接口可用，即 10BASE-5、10BASE-2、10BASE-T 和 10BASE-F。层与层之间用 10M 集线器的 10BASE-5（AUI）端口连接。

集线器的工作过程非常简单：节点发信号到线路，集线器接收该信号；因信号在电缆传输中有衰减，集线器接收信号后将衰减的信号整形、放大，由集线器将放大的信号广播转发给其他所有端口。

集线器（HUB）属于数据通信系统中的基础设备，具有流量监控功能。它和双绞线等传输介质一样，是一种不需任何软件支持或只需很少管理软件管理的硬件设备，它被广泛应用于各种场合。集线器工作在局域网（LAN）环境，被称为物理层设备。集线器内部采用了电气互联，当维护 LAN 的环境为逻辑总线或环形结构时，完全可以用集线器建立一个物理上的星形或树形网络结构。在这方面，集线器所起的作用相当于多端口的中继器。集线器实际上就是中继器的一种，其区别仅在于集线器能够提供更多的端口服务，所以集线器又称为多口中继器。

集线器广播发送数据方式有三方面不足：

1）用户数据报向所有节点发送，很可能带来数据通信的不安全因素，一些别有用心的人很容易就能非法截获他人的数据报。

2）由于所有数据报是向所有节点同时发送，加上其共享带宽方式（如果两个设备共享 10M 的集线器，那么每个设备就只有 5M 的带宽），就会造成网络塞车现象，降低了网络执行效率。

3）非双工传输，网络通信效率低。在同一时刻，集线器的每一个端口只能进行一个方向的数据通信，而不能像交换机那样进行全双工传输，网络执行效率低，不能满足较大型网络的通信需求。

依据 IEEE 802. 3 协议，集线器功能是随机选出某一端口的设备，并让它独占全部带宽，与集线器的上联设备（交换机、路由器或服务器等）进行通信。

HUB 是一个多端口的信号放大设备。在工作中，当 HUB 的一个端口接收到数据信号时，由于信号在从源端口到 HUB 的传输过程中已有了衰减，而 HUB 便将该信号进行整形、放大，使被衰减的信号再生（恢复）到发送时的状态，紧接着转发到其他所有处于工作状态的端口上。从 HUB 的工作方式可以看出，它在网络中只起到信号放大和重发作用，其目的是扩大网络的传输范围，而不具备信号的定向传送能力，是一个标准的共享式设备。不过，随着技术的发展和需求的变化，许多集线器在功能上进行了拓宽，不再受这种工作机制的影响。由集线器组成的网络是共享式网络，同时集线器也只能够在半双工模式下工作。

集线器主要用于共享网络的组建，是解决从服务器直接到桌面最经济的方案。在交换式网络中，集线器直接与交换机相连，将交换机端口的数据送到桌面。使用集线器组网灵活，它处于网络的一个星形节点，对节点相连的工作站进行集中管理，不让出问题的工作站影响整个网络的正常运行，并且用户的加入和退出也很自由。

12.2.3 天线和基站

1. 天线

移动通信天线的技术发展很快。最初我国主要使用普通的定向和全向型移动天线，后来开始使用机械天线，现在一些移动网已经开始采纳电调天线和双极化移动天线。由于目前移动通信系统中使用的各种天线的使用频率、增益和前后比等指标差别不大，都符合网络指标要求，故我们将重点从移动天线下倾角度改变对天线方向图及无线网络的影响方面，对几种天线进行分析比较。

1）机械天线。所谓机械天线是指使用机械调整天线下倾角度的移动天线。机械天线与地面垂直安装好以后，可能因网络优化的要求，需要调整天线背面支架的位置改变天线的倾角来实现。在调整过程中，虽然天线主瓣方向的覆盖距离明显变化，但天线垂直分量和水平分量的幅值不变，所以天线方向图容易变形。实践证明：机械天线的最佳下倾角度为1°～5°；当下倾角度为5°～10°时，其天线方向图稍有变形但变化不大；当下倾角度为10°～15°时，其天线方向图变化较大；当机械天线下倾角度大于15°时，天线方向图形状改变很大，从没有下倾时的鸭梨形变为纺锤形。这时虽然主瓣方向覆盖距离明显缩短，但是整个天线方向图不是都在本基站扇区内，在相邻基站扇区内也会收到该基站的信号，从而造成严重的系统内干扰。

2）电调天线。所谓电调天线是指使用电子调整天线下倾角度的移动天线。电调下倾角度的原理是通过改变共线阵天线振子的相位，改变垂直分量和水平分量的幅值大小，改变合成分量场强强度，从而使天线的垂直方向性图下倾。由于天线各方向的场强强度同时增大和减小，保证在改变倾角后天线方向图变化不大，使主瓣方向覆盖距离缩短，同时又使整个方向性图在服务小区扇区内减小覆盖面积但又不产生干扰。实践证明，当电调天线下倾角度为1°～5°时，其天线方向图与机械天线的大致相同；当下倾角度为5°～10°时，其天线方向图较机械天线的稍有改善；当下倾角度为10°～15°时，其天线方向图较机械天线的变化较大；当机械天线下倾角度大于15°时，其天线方向图与机械天线的明显不同，这时天线方向图形状改变不大，主瓣方向覆盖距离明显缩短，整个天线方向图都在本基站扇区内。增大下倾角度，可以使扇区覆盖面积缩小，但不产生干扰，这样的方向图是我们需要的。因此，采用电调天线能够降低呼叫损失，减小干扰。

另外，电调天线允许系统在不停机的情况下对垂直方向性图下倾角进行调整，实时监测调整的效果；调整倾角的步进精度也较高（为0.1°），因此可以对网络实现精细调整。电调天线的三阶互调指标为－150dBc，较机械天线相差30dBc，有利于消除邻频干扰和杂散干扰。

3）双极化天线。双极化天线是一种新型天线技术，组合了＋45°和－45°两副极化方向相互正交的天线，并同时工作在收发双工模式下，因此其最突出的优点是节省单个定向基站的天线数量：一般全球移动通信系统（GSM）数字移动通信网的定向基站（三扇区）要使用9根天线，每个扇形使用3根天线（空间分集，一发两收）；如果使用双极化天线，每个扇形只需要1根天线。同时由于在双极化天线中，±45°的极化正交性可以保证＋45°和

−45°两副天线之间的隔离度满足互调对天线间隔离度的要求（≥30dB），因此双极化天线之间的空间间隔仅需 20～30cm。另外，双极化天线具有电调天线的优点，在移动通信网中使用双极化天线同电调天线一样，可以降低呼损，减小干扰，提高全网的服务质量。

双极化天线对架设安装要求不高，不需要征地建塔，只需要架一根直径为 20cm 的铁柱，将双极化天线按相应覆盖方向固定在铁柱上即可，从而节省基建投资；同时使基站布局更加合理，基站站址的选定更加容易。

图 12-5 所示为几种国产天线及技术指标。

CDMA双极化定向天线技术指标

频率范围/MHz	824~896
输入阻抗/Ω	50
驻波比	1.4
增益/dB	15.5
半功率角	65°(水平面) 14°(垂直面)
隔离度/dB	30
极化方式	+45°/−45°
交叉极化鉴别率/dB	≥15
前后比/dB	28
三阶互调/dBm	$<-10^7$
功率容量/W	500
雷电保护	直流接地
接头位置	底部
接头	7/16(DIN)

频率范围/MHz	870~960
输入阻抗/Ω	50
驻波比	≤1.4
增益/dBi	15.5
半功率角	90°(水平面) 8.5°(垂直面)
预置下倾角	6°
隔离度/dB	30
交叉极化鉴别率/dB	≥15
极化方式	+45°/−45°
前后比/dB	25
三阶互调/dBm	$<-10^7$
功率容量/W	500
雷电保护	直流接地
接头位置	底部
接头	7/16(DIN)

GSM全向天线技术指标

频率范围/MHz	870~960
输入阻抗/Ω	50
驻波比	≤1.4
增益/dB	11
半功率角	6°
预置下倾角	3°
三阶互调/dBm	$<-10^7$
功率容量/W	500
雷电保护	直流接地
接头位置	底部
接头	7/16(DIN)

GSM双极化定向天线技术指标

频率范围/MHz	824~896
输入阻抗/Ω	50
驻波比	≤1.5
增益/dB	20
极化方式	水平或垂直极化
半功率角	13°(水平面) 16°(垂直面)
前后比/dB	30
第一副瓣电平/dB	15
功率容量/W	100
雷电保护	直流接地
接头位置	中部
接头	N型阴头

图 12-5　几种国产天线及技术指标

2. 基站

基站即公用移动通信基站，是无线电台站的一种形式，指在一定的无线电覆盖区中，通过移动通信交换中心与移动电话终端之间进行信息传递的无线电收发信电台。移动通信基站的建设是我国移动通信运营商投资的重要部分，一般都是围绕覆盖面、通话质量、投资效益、建设难易及维护方便等要素进行。随着移动通信网络业务向数据化、分组化方向发展，移动通信基站的发展趋势也必然是宽带化、大覆盖面建设及 IP 化。

一个基站的选择，应该从性能、配套、兼容性及使用要求等各方面综合考虑，其中特别注意的是基站设备必须与移动交换中心相兼容或配套，这样才能取得较好的通信效果。基站子系统主要包括基站收发台（BTS）和基站控制器（BSC）。基站示意图如图 12-6 所示。

图 12-6　基站示意图

（1）基站收发台　一个完整的基站收发台包括无线发射/接收设备、天线和所有无线接口特有的信号处理部分。基站收发台可看作为一个无线调制解调器，负责移动信号的接收、发送处理。一般情况下，在某个区域内，多个子基站和收发台相互组成一个蜂窝状的网络，通过控制收发台与收发台之间的信号相互传送和接收来达到移动通信信号的传送，这个范围内的地区，也就是我们常说的网络覆盖面。如果没有收发台，那就不可能完成手机信号的发送和接收。基站收发台不能覆盖的地区，也就是手机信号的盲区。所以基站收发台发射和接收信号的范围直接关系到网络信号的好坏，以及手机是否能在这个区域内正常使用。

基站收发台在基站控制器的控制下，完成基站的控制与无线信道之间的转换，实现手机通信信号的收发与移动平台之间通过空中无线传输及相关的控制功能。收发台可对每个用户的无线信号进行解码和发送。

基站使用的天线分为发射天线和接收天线，且有全向和定向之分，一般可有下列三种配置方式：发全向、收全向方式；发全向、收定向方式；发定向、收定向方式。发全向主要负责全方位的信号发送；收全向就是在各个方位接收信号；定向就是只朝一个固定的角度进行发送和接收。一般情况下，频道数较少的基站（如位于郊区）常采用发全向、收全向方式，而频道数较多的基站采用发全向、收定向的方式，且基站的建立也比郊区更为密集。

由于信号传输到基站时可能比较弱，并且有一定的信号干扰，所以要经预选器。

模块滤波和放大指进行双重变频、放大和鉴频处理。输入的高频信号经放大后送入第一变频器，由变频器提供的第一本机振荡信号频率为 766.9125 ~ 791.8875MHz，变频后，产生 123.1MHz 的第一中频信号。第一中频信号经放大、滤波和混频后，产生第二中频信号（21.3875MHz），它经过放大、滤波后送到中频集成块。由中频集成块（包含第二中频信号放大器、限幅器和鉴频器）产生的音频输出信号和接收信号强度指示信号（RSSI）送到音频/控制板，在音频信号控制板内，由分集开关不断地比较奇数和偶数信号，并选择其中的较强信号，通过音频电路传送到移动控制中心。

基站发射机的工作原理是：把由频率合成器提供的频率为 766.9125 ~ 791.8875MHz 的载频信号与 168.1MHz 的已调信号，分别经滤波进入双平衡变频器，并获得频率为 935.0125 ~ 959.9875MHz 的射频信号，此射频信号再经滤波和放大后进入驱动级，驱动级的输出功率约 2.4W，然后加到功率放大器模块。功率控制电路采用负反馈技术自动调整前置驱动级或推动级的输出功率，以使驱动级的输出功率保持在额定值上。也就是把接收到的信号加以稳定再发送出去，这样可有效地减少或避免通信信号在无线传输中的损失，保证用户的通信质量。功率放大器模块的作用是把信号放大到 10W，不过这也依据实际情况而定。如果小区发射信号半径较大，也可采用 25W 或 40W 的功放模块，以增强信号的发送半径。

（2）基站控制器　基站控制器包括无线收发信机、天线和有关的信号处理电路等，是基站子系统的控制部分。主要包括四个部件：小区控制器（CSC）、语音信道控制器（VCC）、信令信道控制器（SCC）和用于扩充的多路端接口（EMPI）。一个基站控制器通常控制几个基站收发台，通过收发台和移动台的远端命令，基站控制器负责所有的移动通信接口管理，主要是无线信道的分配、释放和管理。当你使用移动电话时，它负责为你打开一个信号通道，通话结束时它又把这个信道关闭，留给其他人使用。除此之外，还对本控制区内移动台的越区切换进行控制。例如，你在使用手机时，当跨入另一个基站的信号收发范围时，控制器又负责在另一个基站之间相互切换，并保持始终与移动交换中心的连接。

GSM 系统越区时采用切换方式，即当用户到达小区边界时，手机会先与原来的基站切断联系，然后再与新的服务小区的基站建立联系；当新的服务小区繁忙时，不能提供通话信道，这时就会发生掉线现象。因此，用户在使用手机通话时，应尽量避免在四角盲区使用，以减少通话掉线的概率。

基站控制器的核心是交换网络和公共处理器（CPR）。公共处理器对控制器内部各模块进行控制管理，并通过 X.25 通信协议与操作维护中心（OMC）相连接。交换网络将完成接口和接口之间的 64kbit/s 数据/语音业务信道的内部交换。控制器通过接口设备数字中继器（DTC）与移动交换中心相连，通过接口设备终端控制器（TCU）与收发台相连，构成一个简单的通信网络。

在整个蜂窝移动通信系统中，基站子系统是移动台与移动中心连接的桥梁，其地位极其重要。覆盖区中基站的数量、基站在蜂窝小区中的位置，以及基站子系统中相关组件的工作性能等因素决定了整个蜂窝系统的通信质量。基站的选型与建设，已成为组建现代移动通信网络中的重要一环。

基站的主要功能就是提供无线覆盖，即实现有线通信网络与无线终端之间的无线信号传输。所以基站在通信网络中的位置如图 12-7 所示。

前向信号传输流程如下：

1）核心网侧的控制信令、语音呼叫或数据业务信息通过传输网络发送到基站（在 2G、3G 网络中，信号先传送到基站控制器，再传送到基站）。

2）信号在基站侧经过基带和射频处理，然后通过射频馈线送到天线上进行发射。

3）终端通过无线信道接收天线所发射的无线电波，然后解调出属于自己的信号。

反向信号传输流程与前向流程方向相反，但原理相似。

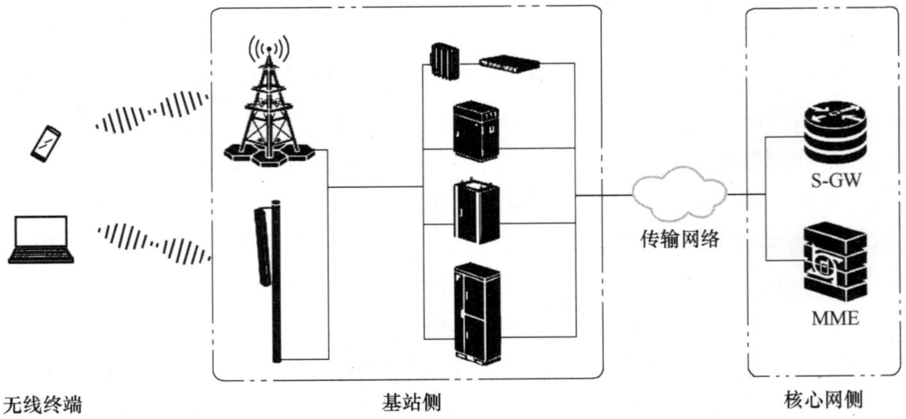

图 12-7　基站在通信网络中的位置

每个基站根据所连接的天线情况，可以包含有一个或多个扇区。基站扇区的覆盖范围可以达到几百到几十千米。不过在用户密集的地区，通常会对覆盖范围进行控制，避免对相邻的基站造成干扰。

基站的基带和射频处理能力决定了基站的物理结构，即由基带模块和射频模块两大部分组成。基带模块主要是完成基带的调制与解调、无线资源的分配、呼叫处理、功率控制与软切换等功能。射频模块主要是完成空中射频信道和基带数字信道之间的转换，以及射频信道的放大、收发等功能。

12.3　有轨电车传输模式选择

12.3.1　现有车-地通信技术

1. WLAN 技术

目前，无线局域网（WLAN）技术中可用于车-地通信的主要有如下几种。

1）IEEE 802.11b。1999 年正式通过的 IEEE802.11b 标准，支持最高 11Mbit/s 的数据速率，运行在 2.4GHz 的 ISM 频段上，调制技术为高速直接序列展频（HR-DSSS）。

2）IEEE802.11a。IEEE802.11a 工作在 5GHz 频段上，使用正交频分复用（OFDM）调制技术，支持 54Mbit/s 的传输速率。与 802.11b 相比，802.11a 传输速率快且受干扰少，但价格相对较高；另外，两者工作在不同的频段上，互不兼容。

3）IEEE802.11g。2003 年，802.11 工作组批准 802.11g 标准。与以前的 802.11 协议标准相比，有以下两个特点：在 2.4GHz 频段上使用 OFDM 调制技术，数据传输速率最高为 54Mbit/s；IEEE802.11g 标准能够与 IEEE802.11b 互通兼容，共同存在于一 AP 的网络中。

4）IEEE802.11n。IEEE802.11n 应用多入多出正交频分复用（MIMO-OFDM）技术，提高了无线传输质量和传输速率；采用智能天线技术，通过多组独立天线组成的天线阵列，动态调整波束，减少了其他信号的干扰，使 WLAN 移动性极大提高；采用了一种软件无线电技术，提高了兼容性。可以将传输速率由 IEEE802.11a 和 IEEE802.11g 提供的 54Mbit/s 提高到300～600Mbit/s；支持2.4GHz和5GHz两个频段。当IEEE802.11n工作在2.4GHz时，可向下兼容IEEE802.11b/g；当IEEE802.11n工作在5GHz时，可向下兼容IEEE802.11a。但是由于IEEE802.11n标准在2009年才得到IEEE的正式批准，标准滞后导致在城市轨道交通中鲜有应用。

2. 频段分析

1）2.4GHz频段。IEEE802.11协议在2.4GHz频段定义了14个信道，频宽为22MHz。信道间隔为5MHz。信道14是专门为E1本而定义的，其中心频率与信道13的中心频率相差12MHz。北美地区开放1～11信道，中国与欧洲开放1～13信道。由于只有部分国家开放了12～14信道频段，所以一般情况下，使用1、6、11三个信道。2.4GHz为国家规定的免费频段，公众可以免费使用。到目前为止，已经被各行业广泛应用于实际生活中。

2）5GHz频段。我国5GHz频段为5.725～5.850GHz，使用需要到当地主管部门申请并备案。我国规定："交通管理部门利用5.8GHz频段设置车辆自动识别等交通管理专用无线电台站，须到所在省、自治区、直辖市无线电管理机构办理台站审批手续，并交纳频率占用费"。因此，采用5GHz频段需要缴纳一定的频率占用费，相比2.4GHz增加了使用成本。

3）LTE技术。LTE俗称3.9G，具有100Mbit/s的数据下载能力，被视作从3G向4G演进的主流技术。它采用OFDM和MIMO作为其无线网络演进的唯一标准。在20MHz频谱带宽下能够提供下行326Mbit/s与上行86Mbit/s的峰值速率。改善了小区边缘用户的性能，提高了小区容量，降低了系统延迟。LTE技术在解决带宽和移动性上具有优势。技术发展较为成熟，全球主流运营商和设备商均参与标准制定，产业链丰富完善，业界各厂商广泛开展互操作（IOT）测试，可提供丰富的终端类型，满足定制化需求，全球52个国家的128个网络已经采用LTE技术，70个国家的180个运营商确定采用LTE技术。LTE频段主要有1900～1920MHz、2010～2025MHz、1850～1910MHz、1930～1990MHz、1910～1930MHz、2570～2620MHz、1880～1920MHz和2300～2400MHz等。

4）自动频率校正技术。自动频率校正技术采用频偏补偿机制，有效克服多普勒效应，确保高速移动场景下的无线链路质量。基于频偏的切换技术，切换时参考频率偏移变化，提高切换成功率，保证高速切换场景下的带宽稳定。

5）基于多远端机（RRU）共小区技术。多RRU共小区技术，减少由于切换带来的时延、抖动、丢包，保证高速切换场景下的带宽稳定。市场上部分厂商通过AFC（Auto Frequency Correction）消除多普勒影响，高速调度算法减少小区间干扰。多RRU共小区技术，通过减少小区切换次数等措施，能够确保LTE在0～120km/h移动场景下吞吐率>60Mbit/s，平均下行速率>40Mbit/s，平均上行速率>20Mbit/s。地铁中采用2个天线能够利用LTE的多发多收技术，提高数据流量。基于LTE技术提供车-地通信的传输技术，已经成功在全线26km的郑州地铁一号线试验成功。在该线路中同时承载乘客信息系统（PIS）和车厢内视频监控系统数据，为列车系统提供高清视频下发，为车载视频监控提供标清视频上传，充分展示了高质量保障机制和端到端高性能的车地通信服务。

12.3.2 干扰分析

目前可能干扰有轨电车车-地通信的主要有列车运行自动控制（ATC）车-地无线通信信号、运营商引入的WLAN和公众使用的无线路由器等无线网络设备，以及TD-LTE等商用通信信号。

1. 信号专业的 ATC 车-地无线通信

目前，主要 ATC 系统供货商采用的无线通信技术主要为 802.11a/b/g，见表 12-1。PIS 和 ATC 的车-地通信分为两类，其一为 ATC 和 PIS 系统采用相同频段但错开信道，动态监测跳转信道；其二为 ATC 和 PIS 系统错开频段。在异常情况下，PIS 通信与信号专业的 ATC 车-地无线通信有可能相互干扰，但设计原则是不管 PIS 采用什么车地通信技术，都必须不干扰信号专业的 ATC 车-地无线通信。

表 12-1　主要 ATC 系统供货商采用的无线通信技术

供　货　商	无线通信采用的技术标准
SIEMENS	IEEE802.11b/g DSSS 无线电台
THALES	IEEE802.11a FHSS 无线电台
ALSTON	IEEE802.11g OFDM 无线电台、漏缆、裂缝波导管
安萨尔多	IEEE802.11g OFDM 无线电台

2. 无线网络设备

城市轨道交通中的商用通信引入了运营商的商用无线信号，有些城市在地铁隧道沿线中布设了 WLAN 无线网络，公众使用的无线路由器等无线网络设备通过 WIFI 网络接入运营商 WLAN 网络，这些信号几乎全部工作在 2.4GHz 频段。随着大容量数据的递增和某些设备功率的不规范，已经形成一个不可忽视的干扰源。深圳地铁曾出现无线路由器干扰 ATC 信号逼停地铁的事故，有轨电车也存在这一隐患。

3. 商用通信信号

目前，地铁中其他商用通信信号主要有中国移动的 GSM 900M、DCS1800、TDSCDMA，中国联通的 GSM 900M、DCS1800、WCDMA，中国电信的 CDMA（800M）、CDMA2000。这些信号工作在不同频段互不干扰，对 PIS 几乎没有影响。2012 年，工业和信息化部正式发布了《关于国际移动通信系统（IMT）频率规划事宜的通知》，明确了我国的 IMT 系统频率规划，将 IMT 核心频段 2500～2690MHz 总共 190MHz 带宽的频率资源规划为时分双工（TDD）方式的工作频率，供 TD-LTE 使用。有轨电车沿线将覆盖 TD-LTE 商用通信信号，如果 PIS 系统采用 LTE 技术，这也是一个重要干扰源。要做到彼此避开频段，避免和运营商的商用 LTE 频率相冲突。

12.3.3　技术比较

从表 12-2 可知，与常用的 WLAN 技术相比，LTE 具有明显的优势。

综上所述，面对视频监控系统新的传输要求，以上技术中只有 LTE 和 IEEE802.11n 能满足传输要求。如果视频监控系统采用 LTE 技术，可选择的频谱较多，灵活性强，将能有效避免干扰，但切记要与商用通信的 LTE 频段错开。如果系统采用 IEEE802.11n 技术，在保证不干扰信号专业基于通信的列车控制（CBTC）系统的前提下，尽量选择工作在 5.8GHz，避免拥挤在 2.4GHz 公用频段。因此，从产品成熟度和业绩上来看，LTE 优势明显，所以我们推荐选用 LTE 技术作为车-地通信的传输技术。

表 12-2　LTE 与 WLAN 技术比较

性　能	LTE	IEEE 802.11a/b/g
抗干扰能力	专用频段，避免干扰；采用 ICIC、IRC 等抗干扰技术，解决系统内干扰问题	开放频段，难以有效避免干扰；缺乏系统内抗干扰技术
数据传输速率	在 10MHz 频段下，上、下行资源 1：1，下行峰值 20Mbit/s，上行峰值 8Mbit/s。使用 MIMO 技术，大幅提速	实际项目中，20MHz 频段，下行峰值为 15Mbit/s，上行峰值为 2Mbit/s
移动性	采用抗频偏的算法，能够支持 430km/h 的速度。LTE 已经在上海磁悬浮得到了验证	WLAN 最初定位是覆盖固定场所，主要为了解决网络布线的问题，移动性能不佳
频段灵活性	可以根据业务需求灵活申请，支持 1.4/3/5/10/15/20MHz 组网	限定在 2.4GHz 和 5.8GHz

随着乘客对服务质量的要求越来越高，车厢内提供上网服务也是目前的趋势。为了满足该需求，需要提供车厢内的无线上网支持。因此需要具有较高带宽的上、下行通信链路。无论是车辆无线调度、PIS 系统、车载综合监控系统，还是对前方道路状况的实时掌握，以及车厢内的上网服务等，都依赖于无线车-地通信技术。从已有的现状来看，除了已经非常成熟的 GSM-R 在车-地传输中的应用之外，目前主要集中在利用 LTE 实现乘客信息系统、车载综合视频监控系统、CBTC 信号系统的车-地通信中。对多模式通信的车-地传输及其相关技术的研究，国外已有相关产品，国内厂商的产品主要还是单一模式。针对多模式车-地通信在无轨电车的应用上，还需要进行一些基础研究和应用研发。

考虑到我国地域广阔，不同地区经济发展也很不均衡，很多城市的 4G/LTE 的覆盖不够，尚不能满足有轨交通利用公网 4G 实现车-地传输的要求；同时，采用公网传输，单一网络的不稳定对车-地通信带来很大挑战。为此，一些公司和机构进行了 GSM/3G/LTE/WLAN 等多模式融合的车-地通信技术研究，其中 WLAN 主要用于提供车辆无线上网服务，GSM、3G 和 LTE 三种模式中，能同时维护至少两种通信模式，以保证车-地之间的可靠通信，实现基于多模式无线通信的数据可靠、自适应传输。

多模式通信技术存在几个技术难点。首先，目前可以实现多路同传策略的方法主要有基于点对点协议的多链路链接技术和 Linux 操作系统的链路绑定技术。系统要设计一种全新的无线网络传输结构，结合无线网络结构提出多路同传负载均衡方法，并根据车载无线监控系统的特点，设计无线网络自适应算法、简单实用的重传机制及数据报大小控制。其次，是建立多模式通信方式的融合方法、通信参数自适应优化策略和数据传输冗余网络结构。多模型自适应是通过离线训练和设计与在线识别和决策的结合，将有限个简单估计器的估计规则有机地结合成一种在大范围内具有高鲁棒性的系统；还要设计一种通信信道自动切换的方法，克服现有车载监控系统在单一通信信道中，传输效率严重受通信信道工作状态制约，工作人员难以及时在多种通信信道中选择最优的信道通信模式的问题，保证通信信道的全程稳定和高容量。

第13章 通信子系统

13.1 电话系统

现代有轨电车的电话在用途上通常分为公务电话和专用电话，其技术实现形式是一致的。电话系统的构建一般有三种方案较可行，即设置数字程控交换机、利用公网交换机的虚拟网功能组建专业虚拟交换网络和利用软交换技术构建电话网络。

设置数字程控交换机方案指采用设置数字程控交换机的方式，满足多数工程电话业务的需求。该方案的特点：技术成熟可靠、功能强大、应用广泛，且对所用程控交换机拥有完全的控制权，可独立使用该程控交换机的全部功能和容量。

公网交换机组建专用虚拟网方案。虚拟专用网（VPN）指利用公用电话网的资源向某些机关、企业提供一个逻辑上的专用网。其显著的特点是利用公网资源实现专网功能，用户不必投资购买用户级交换机（PBX）设备，而由电信运营商在公网上实现虚拟（软件方法）PBX 功能。可以节省前期一次性投资，减少运营维护人员及相关运营维护。但该方案缺乏对其公务电话系统的产权，使用不够灵活；多点引入公网，故障点多，不能保证本工程电话系统的可靠性；且通话费、月租费高，从长远看不够经济。

软交换方案，即 IP 电话（VoIP）是以 IP 分组交换网络为传输平台，对模拟的语音信号进行压缩、打包等一系列的特殊处理，使之可以采用无连接的 UDP 协议进行传输的技术。VoIP 的主要优势在于它提供了一种利用 IP 网络解决语音通信的手段，而 IP 统一网络恰恰是通信网络的发展趋势。与传统语音系统相比，VoIP 更加灵活，能提供更多的终端种类（模拟语音电话机、PC、IP 电话机），还能够为用户提供新的基于多媒体的增值服务。VoIP 的主要劣势在于其话音质量与传统语音系统相比还是稍差，缺乏端对端的 QoS 保证，无法实现调度功能，

结合传输系统、电话系统方案比较情况，传输与电话系统组网方案通常有如下选择。

1）基于 SDH 的 MSTP + 传输接入单元。可以在车辆段、各牵引变电所均设置一套基于 SDH 的 MSTP 设备及一套传输接入单元，电视监视系统、SCADA 系统均通过 MSTP 提供的以太网端口进行数据传输；各牵引变电所内的电话分机通过传输接入单元接入 MSTP 设备，通过 2M 通道接入车辆段内的程控交换机。这样以 SDH 技术为基础，继承 SDH 优点，利用较少的网络带宽实现多点接入和带宽共享，根据具体业务的需求动态灵活分配，提供有效流量控制，实现 SDH、ATM 和 IP 多种业务的混合传输。缺点是 MSTP 对以太网数据业务的传输

效率较低。

2）千兆以太网 + 语音接入网关。可以在车辆段、各牵引变电所均设置一套工业千兆以太网交换机，各牵引变电所均设置一套语音接入网关，电视监视系统、SCADA 系统均通过以太网端口直接传输；各牵引变电所内的电话分机通过语音接入网关将语音数据转换为以太网数据，再通过以太网接口进行传输。以 IP 技术为基础，专为数据业务制定，能很好地满足 IP 业务的需求，能有效解决突发数据业务的传输需求。缺点是故障倒换时间较长，且相对于基于 SDH 的 MSTP + 传输接入单元方案而言，投资较高。

13.2　无线对讲系统

为保证有轨电车系统维修、车辆段内物业管理及车辆设备维修的需要，需要在车辆段内建立一个安全、可靠、经济适用的无线通信系统，实现车辆段内的无线通信全覆盖。

无线对讲系统一般由用户终端（固定台、便携台）、中继设备以及天馈线构成。

中继设备可选用变频中继台及光纤直放站两种方案。光纤直放站由于采用光信号传输，与采用变频中继台相比，其传输距离更远，但投资较大；变频中继台选用宽带放大设备，能放大多组频点，可适应多个频点的应用或频点调整的需要，费用相对低一些。

在场强覆盖区内，通常无线接收机音频带内输出的信噪比不小于 20dB。在满足信噪比的要求下，通信地点及时间概率不小于 90%。

13.3　闭路电视监控系统

闭路电视监视系统（CCTV）是运营管理现代化的配套设备，是监视各变电所及车辆段内情况的辅助通信工具。在出入段线咽喉区处及车辆段内、综合楼值班员处、沿线变电所和枢纽车站等关键地点，应当设置监视控制终端，完成对车辆段内的监控。车辆段值班员应能以轮巡方式监视车辆段范围内的摄像机摄取的图像；电调中心值班员应能查看各变电所情况。车辆段电视监视中心系统可对车辆段内所有摄像机的图像信号及各牵引变电所摄像机的图像信号进行实时不间断的录像，并保留一段时间以备调用。

闭路电视监视系统在视频图像传输方面经历了模拟视频传输阶段、视频图像选路数字编码传输阶段逐渐向视频图像全编码传输发展的阶段。如果监视系统节点较多，则推荐采用全编码电视监视系统。闭路电视监视系统设备主要由视频主服务器、交换机、监视控制终端、视频编解码器、摄像头和网络录像设备等构成。

13.4　广播系统

广播系统包括广播控制台、广播控制及功放机柜、扬声器等设备，是管理部门向工作人员发布作业命令和通知的重要手段。在灾害状态下，广播系统转换为防灾广播，指挥人员进行疏导作业。

根据目前广播技术的发展，一般有全数字广播和模拟广播技术两种方案。全数字广播系统的控制设备处理的是数字信号，经数字功率放大器放大后还原成模拟信号，通过广播电缆传输至扬声器。模拟广播系统处理的是模拟语音信号，功率放大器一般采用模拟定压功放。数字广播采用数字信号处理（DSP）技术，使控制更灵活，结构更简单。采用的数字功放体积小，效率高。模拟广播技术成熟可靠，且系统造价低于数字广播。

13.5 时钟系统

时钟系统一般由一级母钟、GPS 接收设备、RS422 输出接口箱及子钟等构成。时钟系统为车辆段内的运营指挥、维护管理部门提供统一的时间信息。设置在车辆段的一级母钟接收来自 GPS 的标准时间信号，产生稳定的标准时间信号，通过 RS422 接口箱驱动全部子钟显示统一时间。一级母钟在车辆段为其他系统提供统一的时间信号，使有轨电车内各机电系统的定时设备与时钟系统同步，从而实现有轨电车全线统一的时间标准。时钟系统应满足以下功能要求：

1）能够接收来自 GPS 的标准时间信号，本身有高稳晶振，跟踪、同步于 GPS 标准时间。如果 GPS 故障，本身晶振独立工作，产生和分配精确时间信号，提供给二级母钟和其他需要标准时间的设备。

2）一级母钟应能分路输出，连接车辆段内的子钟。

3）子钟安装于调度大厅、管理办公用房及其他与行车运营有关的处所，提供时间显示。

4）系统具有集中监控功能，发生故障时能进行声光报警，并在监视器上显示故障原因。

13.6 乘客信息系统（PIS）

城市轨道交通乘客信息系统（PIS）是城市轨道交通的重要组成部分，是利用现代成熟可靠的网络技术、多媒体技术和图像显示等技术，在指定的时间，将指定的信息（如列车到发、首末班车时刻表、运营公告信息和出行引导等信息）显示给指定的人群；该系统主要以向乘客提供列车到发、首末班车时刻、运营公告信息及出行引导等信息为主，同时肩负向乘客提供出行参考、赛事直播、媒体新闻及广告等实时动态的多媒体信息的责任。

PIS 按照控制功能可以划分为四个层次，即信息源、中心播出控制层、车站车载播出控制层和车站车载播出显示终端设备。信息源的主要设备为视频流和数据服务器，向整个系统发放网络视频和数据，能够同时提供多种标准的视频。中心播出控制层负责信息的采集、编辑和播出，以及对系统内的播出设备进行集中的播出控制管理。通过对设备集中控制，实现系统无人值守。车站车载播出控制层及时编辑指定的信息，并发布到指定的终端显示屏，提示乘客注意，进行整个车站的工作状态切换，对车站播放设备进行操作。车站车载播出显示终端包括站台显示器、车厢显示器、乘客紧急报警通信装置和扬声器等设备，站台显示器显示进站列车信息和车站状况，车厢显示器显示列车车厢状况、播放新闻、音乐节目等；在遇到紧急情况时，乘客紧急报警装置给乘客发出报警信息，有防止误操作功能；扬声器用于提供语音信息。

PIS 主要是确保乘客安全到达目的地，在此基础上给乘客提供更多信息和广告等，因此在 PIS 中必须考虑信息显示的优先级。紧急灾难信息优先级最高，其后依次为列车服务、乘客导向、站务和公共商业信息等。高优先级信息可打断较低优先级信息的播出，如果发生紧急状况，PIS 自动进入紧急信息播出状态，其他信息停止播出，系统以警示度高的方式提示乘客疏散，直到警告解除。

13.7　通信电源与防雷接地

通信电源应有集中监控管理功能，能对交流配电屏故障、交流不间断电源（UPS）输出过压/欠压、蓄电池放电电压低等做出告警。

通信电源向本地通信各子系统设备提供不间断、无瞬变地供电，在外供电源发生故障时，蓄电池能提供主要设备 2h 的备用电源。

车辆段电源系统主要由 UPS 电源、蓄电池、交流配电屏组成。区间箱式变电所内设置机架式 UPS、蓄电池及交流配电单元。各通信设备均由通信 UPS 直接供电，传输设备、程控交换机等通信设备所需的直流电源由各通信设备的整流装置产生。为实现减少维护人员和无人值守的目标，车辆段、各牵引变电所的通信电源设备必须具有集中监控管理功能，系统应能对通信电源系统设备提供集中监控、维护管理。监控内容包括：交流不间断电源（UPS）输出过压/欠压告警，蓄电池放电电压低、整理器故障、逆变器故障及旁路故障告警等。

防雷接地用于向本地通信各子系统设备提供工作接地和外壳保护接地，确保系统正常工作和操作者的生命安全。防雷系统包括数据线防雷器、电源防雷器。在车辆段通信机房内，为各通信系统设置数据线防雷器及电源防雷器；对室外的摄像机设置防雷器，室外线缆进入室内设置数据线防雷器。车辆段综合楼由电力专业提供综合接地体，引至设置于通信机械室内接地盘，接地电阻不大于 1Ω。沿线箱式变电所通信设备接入由电力专业设置的接地体，接地电阻不大于 1Ω。

第14章 相关弱电系统

相关弱电系统在有轨电车线路的建设中也会经常用到。由于其技术基础与通信和信号技术关联，其设备与通信信号设备制造工艺类似，加上这些设备在建设项目中所占的比例不大，所以在采购和部署时一般与通信信号系统一并进行，或由通信信号供应商总包，负责设计、组织实施的联络管理。

14.1 火灾自动报警系统（FAS）

FAS 应用于车辆段、运营控制中心和封闭式车站、枢纽等，主要由车辆段消防控制室设备（火灾报警控制器、图形工作站等）、各区域火灾报警控制器（FACP）、现场各类探测器、输入输出模块、手动火灾报警按钮、消防专用电话系统及全线报警信息传输网络等组成。在车辆段各建筑的消防值班室，根据保护范围及点数分别或合设 FACP，各建筑的 FACP 通过通信提供的光纤构成车辆段全段的 FAS 网络；在段内综合楼消防值班室设置 FAS 的终端显示装置，全段的 FAS 信息均可在此终端上显示。

FAS 用于监视管辖范围内火灾探测、报警设备的运行状况；自动采集、记录火灾报警信息，并自动报送控制中心；显示报警部位到探测区域；监控专用消防设备启停，显示运行状态，故障时发出报警。消防控制室（车控室）自动显示报警区域、消防设施所在位置及其运行状态的画面；根据报警信息判断、确认火灾；根据火灾发生位置，按预先编制的控制程序，选择相对应的救灾模式并自动起动消防联动设备，也可以利用 FAS 的消防联动控制盘实现重要设备的手动控制；监视车辆段级管辖范围内火灾报警设备及专用消防设备的运行状态；接收现场设备的火灾报警信息，确认火灾，向控制中心（OCC）报告火灾灾情；接收 OCC 的消防控制指令，指挥现场消防救灾；向控制中心报告灾情，接收控制中心发出的消防救灾指令和安全疏散命令；对车辆段内消防风机、电梯实施监控；在火灾情况下切断非消防电源；若设有消防水泵，则应能自动或手动控制消防水泵的起、停，接收消防水泵的运行、故障状态信号；接收自动灭火区域的火警和放气信号，通过报警网络上传至 OCC；当自动灭火控制盘处于手动位置时，及时派人至火警现场观察火情和灭火情况，以防误喷；在车辆段设置消防联动控制盘进行监控及联动。

14.2 环境与设备监控系统（BAS）

BAS 应用于车辆段、运营控制中心和封闭式车站、枢纽等。BAS 主要由车辆段级监控系统、就地级监控设备（包括现场控制器、智能远程输入输出模块、各类传感器及执行器等）组成，用于监控建筑中各种电力设备的工作状态，将异常情况提交给控制中心。BAS 在车辆段设操作员工作站，在车辆段控制中心机房内 PLC 机柜配维护工作站，维护工作站作为车辆段级的设备维修、维护及设备调试时使用。对于消防专用防救灾设备以外的机电设备（暖通空调、给排水及自动扶梯等），正常工况下由 BAS 监控；火灾工况时，BAS 接收 FAS 的火灾信息，按照相应火灾模式控制现场设备，并保证火灾模式优先。

BAS 通常在车辆段消防控制中心设操作员工作站、冗余主控制器。在车辆检修组合库、停车列检库设置远程 I/O。远程 I/O 负责被控设备的接入；主控制器与远程 I/O 之间采用现场总线（或以太网）连接。一般选用 PLC 为 BAS 的主要控制设备。

BAS 的功能如下：

1）监视及控制管辖范围内的通风空调、给排水及动力照明等设备，实现对设备的单控、群控及组控。

2）对机电设备进行模式和时间表控制。

3）对 BAS 监控的设备进行故障报警显示。

4）接收被监控设备的各类报警信息，报警应有声光报警、报警画面弹出和确认功能。

5）接收 FAS 的火灾模式控制信息，实现火灾模式下的联动功能。

6）对各被控设备进行运行累计计时，提供维修报告，主、备设备按设定进行自动切换，提高设备的利用率。

7）记录、存储设备的运行信息并进行档案管理。

14.3　门禁系统

为确保有轨电车安全运营，保证授权人员在受控情况下方便地进入车辆段设备及管理区域，防止非授权人员进入限制区域，在车辆段、变电所的设备用房及管理用房设置门禁系统，实现对车辆段周界、地面的入侵探测功能，有效保障车辆段的安全，实现预防性报警功能。门禁系统可与车辆段闭路电视监视系统联动。门禁系统一般由探测器、主控计算机、管理终端、就地控制器、读卡器、各种电磁锁及报警器等组成，采用联网式系统。当前阶段建议选用非接触式 IC 卡。就地控制器、读卡器和各种电磁锁设置于车辆段内的重要设备机房、办公等需要设防的场所。车辆段的门禁系统控制主机设于车辆段综合楼的通信机房中。

应用于办公楼或车外检票式车站的。门禁系统由中央管理工作站、中央授权工作站、工业交换机、门禁控制器、门锁、读卡器、门磁开关、出门按钮、紧急开门按钮、蜂鸣器、感应式门禁卡及接口模块等构成。系统采用分布式控制和集中监控管理的运行方式，在网络发生故障时，分布在各处的智能门禁控制器仍能继续按照预先设定的程序对出入口进行管理。

14.4　停车场管理系统

应用于办公楼区域或公共换乘停车场（P + R）区域的停车场管理。系统主要由下述部分组成，机柜及存储设备、计算机等设备设置在弱电机房和消防控制室内，各种现场的计算机、闸机、地感线圈等设备设置在单体建筑的出口岗亭附近，在出口岗亭设置收费计算机等设备。

14.5 售检票系统

售检票系统可实现基本信息维护、交易数据处理和账务处理。其功能包括维护基本信息、接收车辆终端设备的消费数据、处理交易数据、分类统计和传送交易数据给一卡通中心，接收一卡通中心的对账数据并进行处理。售检票系统由线路票务工作站、车站终端设备（车载机、加值工作站、查询机、数据采集设备）等组成。相关的外部系统是一卡通系统，如图 14-1 所示。

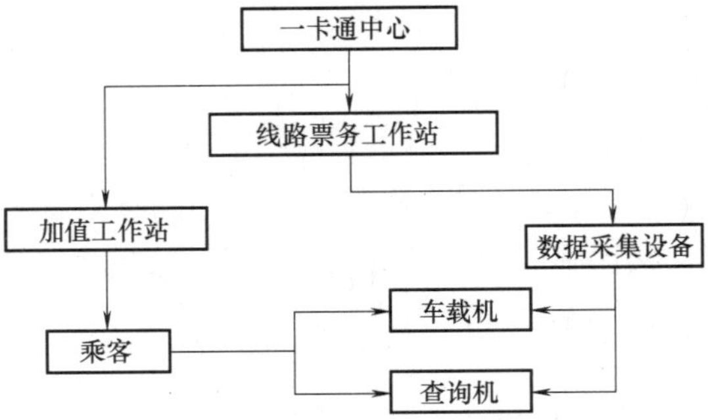

图 14-1 售检票系统的组成

14.6 运营控制中心

运营控制中心是有轨电车的管理枢纽，应对全线所有运行车辆、区间、电力供给、环境与设备监控、火灾报警等实施集中的调度、监视、协调和管理等。设备功能单元主要涉及运营功能的基础设备，包括控制中心的设备机房、电源室、电缆/线缆间及线缆井、系统维修工区等服务于运营调度指挥系统的系统设备用房。

从国内外发展情况来看，现代有轨电车控制中心从物理位置规划布局角度来分，主要有集中式和分散式两种方式。集中式适用于同期建设线路较多，并有前期规划的新建项目情况，如沈阳市浑南新区现代有轨电车；分散式适用于已有有轨电车、其他轨道交通的线路改造或在此基础上新建的项目情况，各线路分别设置控制中心，如欧洲的比利时布鲁塞尔、法国巴黎、瑞士苏黎世等的有轨电车，其中巴黎有轨电车控制中心的票务功能采用整合方式，其余功能按线路分别设置。

集中式的优点是集中办公，便于集中管理，也可减少占地面积；一旦遇有突发事件，可根据线网情况对运营线路进行调整，降低突发事件对运营的影响。缺点是不同线路有可能出现不同制式的产品和供货商，功能、调度方法也不尽相同，后期建设的线路与前期的线路整合困难。

因此，可根据线网规划确定控制中心的规模，并考虑到线网规划和系统设备选型存在不确定性和进一步发展的可能；同时也要考虑控制中心自身需要，适当留有升级改造的空间。

14.7　办公自动化系统

办公自动化系统为车辆段内的工作人员提供办公用网络平台及标准化布线，满足车辆段内运营管理的使用要求，提高有轨电车运营系统的办公效率。由于以太网扩展灵活，因此网络设备可采用随用随加的原则，以节省初期投资。在各值班室、办公室、综合维修中心及列车员公寓等处设置信息点。信息点按建筑规模及平面布局设置，终端设备按初期需要配置。系统构成一般分为如下几个部分。

14.7.1　综合布线

1）工作区。一个独立的、需要设置终端的区域宜划分为一个工作区，各工作区至少设置一个双孔信息插座，每一个信息插座均宜支持电话机、计算机等终端的设置和安装。

2）水平布线子系统。车辆段建筑内的水平布线系统按楼层划分，在各楼层配线间新设配线架，采用室内超 5 类 4 对非屏蔽双绞线作为配线电缆。

3）建筑物主干布线子系统。车辆段在综合楼弱电间设置配线架，选用室内 4 芯多模光缆作为数据干线，支持高速数据传输；选用 3 类 30 对非屏蔽双绞线作为语音系统的干线，支持语音传输。

4）建筑群子系统。车辆段在各建筑电缆引入间设置建筑物配线架，选用室外 6 芯多模光缆作为数据干线，支持高速数据传输；选用 3 类 50 对非屏蔽双绞线作为语音系统的干线，支持语音传输。

14.7.2　网络设备

在车辆段综合楼通信机房设置汇聚级网络交换机，将车辆段内其他建筑的局域网交换机汇聚于此。

车辆段内各个单体建筑的每个配线间设置接入三层交换机，负责建筑内楼层计算机的联网。

14.7.3　服务器及应用软件

在线路车辆段综合楼设置信息交换中心，配置服务器、存储等设备，配置相应的办公自动化软件。

14.7.4　终端设备

车辆段综合楼、综合维修中心、列车员公寓设置办公自动化系统终端设备，办公自动化终端设备暂按初期需求考虑，并在运营后可以根据需要增加终端设备数量。

参考文献

[1] 李力，姜锐，贾斌，等. 现代交通流理论与应用：卷Ⅰ—高速公路交通流 [M]. 北京：清华大学出版社，2011.

[2] 刘新平. 新型有轨电车信号系统方案研究 [J]. 城市轨道交通研究，2012，15 (5)：50-52.

[3] 李凯，毛励良，张会，等. 现代有轨电车交叉口信号配时方案研究 [J]. 都市快轨交通，2013，26 (2)：104-107.

[4] 喻智宏，孙吉良，申大川. 有轨电车通信信号技术与智能交通系统 [J]. 城市交通，2013，11 (4)：44-51.

[5] 彭利人，何民，毛海城，等. 我国城市交通发展特征分析 [J]. 北京工业大学学报，2004，30.

[6] 公安部道路交通管理标准化技术委员会，GB 14886—2016 道路交通信号灯设置与安装规范 [S]. 北京：中国标准出版社，2016.

[7] 黄辉先. 城市交通信号优化控制方法的研究 [D]. 西安：西北工业大学，2000.

[8] 杨佩昆，张树升. 交通管理与控制 [M]. 北京：人民交通出版社，1997.

[9] 袁振洲. 道路交通管理与控制 [M]. 北京：人民交通出版社，2007.

[10] 钟章建，龙科军，潘振兴，等. 一种基于相序优化的多相位交叉口信号控制方法 [C]//第三届中国智能交通年会论文集. 南京：东南大学出版社，2007.

[11] 沈国江，孙优贤. 基于相序优化的多相位模糊交通控制 [J]. 控制与决策，2002，17 (b11)：654-658.

[12] 徐勋倩，黄卫. 单路口交通信号多相位实时控制模型及其算法 [J]. 控制理论与应用. 2005，22 (3)：413-422.

[13] 杨锦冬，杨冬援. 城市信号控制交叉口信号周期时长优化模型 [J]. 同济大学学报. 2001，29 (7)：789-794.

[14] 陈荣波，罗勇，谢文海. 公安监控点位选择探讨 [J]. 现代商贸工业，2014，26 (1)：197-198.

[15] 陈剑，李时学. 平安城市前端视频监控点位布置应用分析 [J]. 中国新通信，2013 (17)：69.

[16] 朱胜跃，赵慧，吴海骏. 综合客运交通枢纽分类分级研究 [J]. 铁道经济研究，2012 (2)：23-29.

[17] 樊亚文，张重阳，郑世宝，等. 城市图像监控系统科学布点布局问题研究 [J]. 电视技术，2011 (1)：107-110.

[18] 全国安全防范报警系统标准化技术委员会，GA/T 367—2001 视频安防监控系统技术要求 [S]. 北京：中国标准出版社，2001.

[19] 孙吉良. 现代有轨电车信号系统及技术关键的研究 [J]. 铁路通信信号工程技术，2013，10 (4)：55-59.

[20] 刘建伟，王钧生，李峰. 关于视频车辆检测器标准问题的探讨 [J]. 中国交通信息产业，2004 (1)：106-107.

[21] 于禹夫，方力. 现代有轨电车交通系统及其车辆的技术定位 [J]. 都市快轨交通，2003 (6)：43-47.

[22] 覃裔，戴子文，陈振武. 现代有轨电车线路规划初探 [J]. 都市快轨交通，2013 (2)：42-45.

[23] 蒋应红. 现代有轨电车系统在国内的发展前景探讨 [J]. 交通与运输，2012，28 (1)：10-12.

[24] 穆森. 智能视频监控系统在高铁、轻轨交通中的应用研究 [J]. 科技创新导报，2012 (21)：125.

[25] 王圣男，郁梅，蒋刚毅. 智能交通系统中基于视频图像处理的车辆检测与跟踪方法综述 [J]. 计算机应用研究，2005，22 (9)：9-14.

[26] 余平. 现代有轨电车发展浅谈 [J]. 黑龙江科技信息，2010 (28)：268-269.
[27] 朱小平，付洋. 一种基于交通视频的摄像机标定方法 [J]. 电子设计工程. 2012，20 (9)：48-52.
[28] 薛美根，杨立峰，程杰. 现代有轨电车主要特征与国内外发展研究 [J]. 城市交通，2008，6 (6)：88-91.
[29] 杨明，白烨，王秋良，等. 面阵 CCD 摄像机光学镜头参数及选用 [J]. 大气与环境光学学报，2005，18 (3)：27-30.
[30] 范郭浩. 图像监控系统摄像机和镜头的选择 [J]. 通信电源技术，2003 (4)：23-27.
[31] 唐淼，马韵. 现代有轨电车在城市区域内的适应性 [J]. 上海交通大学学报，2011 (s1)：71-75.
[32] 姚亚夫，刘佰昂. 基于位置特征的运动行人检测与跟踪方法 [J]. 广西大学学报（自然科学版），2009，34 (6)：769-773.
[33] 任炜，邵长桥. 行人通过人行横道行为初步分析 [J]. 道路交通与安全，2006 (3)：33-36.
[34] 美国交通研究委员会. 道路通行能力手册 [M]. 任福田，刘小明，荣健，等译. 北京：人民交通出版社，2007.
[35] 钱大琳. 城市道路混合交通流干扰的安全因素分析 [J]. 中国安全科学学报，2004，14 (2)：31.
[36] 苑红伟，肖贵平. 基于交通心理的行人不安全行为研究 [D]. 北京：北京交通大学，2006.
[37] 王荣本，郭烈，余立生，等. 智能车辆安全辅助驾驶技术研究近况 [J]. 公路交通科技，2007，24 (7)：107-111.
[38] GAVRILA DM，GEIBEL J. Shape-Based Pedestrian Detection and Tracking [C]. The Proceedings of IEEE Intel ligent Vehicles Symposium. 2002：8-14.
[39] 许言午，曹先彬，乔红. 行人检测系统研究新进展及关键技术展望 [J]. 电子学报，2008，36 (5)：962-968.
[40] 唐洪. 行人、非机动车的道路交通需求及安全分析 [J]. 科技创业月刊. 2006，19 (8)：176-177.
[41] 胡海燕，付勇. 行人与非机动车的道路交通需求及安全分析 [J]. 内江科技，2007，28 (12)：84.
[42] 唐洪. 地面轮胎拖印与道路交通事故现场再现 [J]. 湖北警官学院学报，2006，19 (1)：71-73.
[43] 陆建，叶慧琼，姚冬雷. 行人过街设施合理间隔 [J]. 交通运输工程学报，2002，2 (4)：63-67.
[44] 殷凤军. 大城市行人交通设施系统规划方法研究 [D]. 南京：东南大学. 2007.
[45] 余鑫，张贵宾，段力. 行人穿越车流的特征性研究 [J]. 道路交通与安全，2006 (7)：18-20.
[46] 王洪明. 混合交通条件下行人左侧通行的安全性研究 [J]. 中国安全科学学报，2006，16 (3)：36-39.
[47] 邵春福，李娟，赵熠，等. 行人交通的视频检测方法综述 [J]. 交通运输系统工程与信息，2008，8 (4)：23-29.
[48] 管晓伟. 基于交通冲突技术的平面交叉口安全评价研究 [D]. 北京：北京交通大学，2007.
[49] 苏展图，郭云开. 城市道路平面交叉口安全改善对策 [J]. 公路与汽运，2007 (1)：46-48.
[50] 俄文娟. 无信号交叉口车车冲突检测和消解算法研究 [D]. 长春：吉林大学，2012.
[51] Viola P.，Jones M. Rapid object detection using a boosted cascade of simple features [C]. In Proc. of CVPR 2001：511-518.
[52] Viola R，Jones M. J'. Robust real-time face detection [J]. International journal of computervision，2004，57 (2)：137-154.
[53] Dalai N，Triggs B. Histograms of oriented gradients for human detection [C]. In Proc. CVPR，2005：886-893.
[54] Sun Z，Bebis G，Miller R. On-road vehicle detection：A review [J]，IEEE Transactions on Pattern Analysis and Machine Intelligence，2006，28 (5)：694-711.
[55] Siddiquie B，Petterson J，Zhai Yun，et al. Large-Scale Vehicle Detection，Indexing，and Search in Urban

Surveillance Videos [J]. IEEE Transactionson Multimedia, 2012, 14 (1): 28-42.
[56] Jain R, Nagel H. On the analysis of accumulative difference pictures from imagesequences of real world scenes [J]. In IEEE Transactions on Pattern Analysis and MachineIntelligence, 1979.
[57] Wren C, Azarbayejani A, Darrell T, et al. Pfmder: Real-time tracking of thehuman body [J]. IEEE Transactions on Pattern Analysis and Machine Intelligence, 1997, 19 (7): 780-785.
[58] Heikkila M., Pietikainen M. A texture-based method for modeling the background anddetecting moving objects [J]. IEEE Transactions on Pattern Analysis and MachineIntelligence, 2006, 28 (4): 657-662.
[59] 周维. 视频监控中运动目标发现与跟踪算法研究 [D]. 北京: 中国科学技术大学, 2012.
[60] 建设部, GB/T50280—1998 城市规划基本术语标准 [S]. 北京: 中国标准出版社, 1998.
[61] 李宝才. 城市道路交通视频监控系统解决方案 [J]. 科学之友, 2012 (9): 65.
[62] 郑俊飞. 轨道交通车地宽带视频监控系统的研究 [D]. 南昌: 南昌航空大学, 2012.
[63] 董红召, 杨菁, 张建跃, 等. 城市交通视频集中监控网络信息平台的关键技术 [J]. 城市交通, 2005, 3 (3): 73-76.
[64] 何伟, 李红林, 袁新阳. 大型分布式异构环境下的视频监控和录像控制 [J]. 城市轨道交通研究, 2012, 15 (7): 49-52.
[65] 李论平. 视频监控在铁路系统中的应用 [J]. 大众科技, 2006 (6): 45-46.
[66] 聂英杰. 城市轨道交通的客流特性分析 [J]. 地下工程与隧道, 2003 (4): 20-23.
[67] 王静, 刘剑锋, 孙福亮. 北京市轨道交通线网客流分布及成长规律 [J]. 城市交通, 2012, 10 (2): 26-32.
[68] 陈诚, 谭满春. 交通事故影响下事发路段交通流量变化分析 [J]. 科学技术与工程, 2011, 11 (28): 6904-6909.
[69] 张洁. 城市轨道交通视频监控系统发展趋势探讨 [J]. 城市轨道交通研究, 2011 (s1): 35-38.
[70] 杨国锋. 城市轨道交通数字视频监控系统的构成与发展 [J]. 电气化铁道, 2004 (1): 41-43.
[71] 张洁. 轨道交通视频监控系统组网技术的探讨 [C] //中国土木工程学会。城市轨道交通关键技术论坛论文集, 2010: 450-452.
[72] 张立东, 纪文莉, 任海. 上海轨道交通视频监控与安防系统网络化兼容性研究 [J]. 城市轨道交通研究, 2010, 13 (12): 65-69.
[73] 樊盈. MPEG-2 编码技术在上海轨道交通视频监控系统中的应用 [J]. 交通与港航, 2004, 18 (4): 7-9.
[74] 陈明华, 李苏雯, 马强. 城市轨道交通视频监控系统整合方案的设计与应用 [J]. 铁路计算机应用, 2012, 21 (4): 61-63.
[75] 李翔, 何力. 交通视频监控系统的构建 [J]. 通信与信息技术, 2013 (1): 78-81.
[76] 刘会诚. 交通视频监控系统中的设备选型要求 [J]. 中国公共安全, 2008 (8): 159-162.
[77] 冯雪. 面向交通的智能视频监控系统研究与应用 [D]. 上海: 复旦大学, 2010.
[78] 梁旭. 关于现代有轨电车在国内发展的研究 [J]. 价值工程, 2011, 30 (9): 210.
[79] 卫超, 顾保南. 欧洲现代有轨电车的发展及其启示 [J]. 城市轨道交通研究, 2008, 11 (1): 11-14.
[80] 王艳彩, 黄新. 现代有轨电车的地区适用条件 [J]. 交通运输研究, 2011 (2): 127-129.
[81] 徐正和. 现代有轨电车的崛起与探索 [J]. 现代城市轨道交通, 2005 (2): 12-15.
[82] 蒋应红. 现代有轨电车系统在国内的发展前景探讨 [J]. 交通与运输, 2012, 28 (1): 10-12.
[83] 郭廓. 现代有轨电车中央行车指挥系统研究 [D]. 北京: 北京交通大学, 2012.
[84] 薛美根, 杨立峰, 程杰. 现代有轨电车主要特征与国内外发展研究 [J]. 城市交通, 2008, 6 (6): 88-91.

[85] 王夏黎. 智能交通视频监视技术研究与应用 [D]. 西安：西北大学，2004.
[86] 李敏. 城市单交叉口信号控制算法研究与仿真实现 [D]. 成都：西南交通大学，2011.
[87] 杨远舟，毛保华，张建鹏，等. 基于元胞自动机模型的快速公交信号优先仿真研究 [J]. 中国国公路学报，2010，23 (5)：90-95.
[88] 杨远舟，毛保华，陈绍宽，等. 快速公交信号优先对交通流影响仿真 [J]. 深圳大学学报（理工版），2013，30 (1)：91-97.
[89] 于泉. 城市交通信号控制基础 [M]. 北京：冶金工业出版社，2011：20-50.
[90] 梁乙朝. 公交信号优先技术助力北京公共交通发展 [J]，公路交通科技，2011，28 (s1)：26-30.
[91] 张卫华，石琴，刘强. 公交优先信号交叉口延误计算与配时优化方法 [J]，土木工程与管理学报，2004，21 (4)：30-33.
[92] 王婷婷. 面向轨道交通站场的高精度 GPS 定位方法研究 [D]. 北京：北京交通大学，2012.